从厌学到爱学

父母可以做什么以及怎么做

孟颖 著

中国纺织出版社有限公司

内容提要

这是一本面向家长的实用手册,旨在帮助家长理解和解决孩子厌学、沉迷电子产品等问题。作者结合自己作为心理咨询师的多年一线经验,深入分析了孩子厌学的多种表现和深层原因,包括外部压力(如教育体系、同伴关系)和内部因素(如情绪障碍、亲子关系疏远)。书中提供了丰富的案例分析和心理学理论,以及具体的操作步骤和工具,帮助家长识别孩子的情绪问题,调整教育方式,重建亲子关系,并通过科学的沟通和引导方式,帮助孩子重新找回学习的动力和兴趣。

图书在版编目(CIP)数据

从厌学到爱学:父母可以做什么以及怎么做 / 孟颖著. -- 北京:中国纺织出版社有限公司,2025.10.
ISBN 978-7-5229-2847-0

Ⅰ. G442;G782

中国国家版本馆CIP数据核字第20250QA915号

责任编辑:郝珊珊　刘梦宇　　　责任校对:高　涵
责任印制:储志伟

中国纺织出版社有限公司出版发行
地址:北京市朝阳区百子湾东里A407号楼　邮政编码:100124
销售电话:010—67004422　传真:010—87155801
http://www.c-textilep.com
中国纺织出版社天猫旗舰店
官方微博 http://weibo.com/2119887771
鸿博睿特(天津)印刷科技有限公司印刷　各地新华书店经销
2025年10月第1版第1次印刷
开本:710×1000　1/16　印张:14
字数:175千字　定价:59.80元

凡购本书,如有缺页、倒页、脱页,由本社图书营销中心调换

PREFACE

在我成长的那个年代,还没有"躺平"这个概念。那时,即便是班上最不爱学习的孩子,初中毕业后也会选择一条属于自己的道路,或许是读中专,或许是出门打工,学习一门手艺。他们有方向、有目标,尽管选择各不相同,但都在为未来努力着。然而,时光流转,我目睹了一幕幕令人揪心的变化。如今,厌学、"躺平"、沉迷网络、抑郁、休学……这些词汇频繁地出现在我们的视野中,越来越多的孩子的生活状态让家长和社会感到困惑和忧虑。

在服务这些家庭的过程中,我常常听到家长的叹息和不解:"我真没想到,我的孩子竟然会不愿意读书。""他小时候那么乖,怎么现在就像变了一个人?""如果他再也不去学校了,那他未来该怎么办?""老师,我能想到的办法都试过了,在他身上一点效果都没有。"这些话语背后,是家长对孩子未来的深深忧虑和对现状的无力感。

我是一名心理咨询师,也是一位母亲。当面对这些束手无策的家长时,我能感受到他们内心深处的挣扎和痛苦。他们在职场上努力奋斗,只为了给孩子提供更好的教育和生活条件。孩子是他们的希望,孩子的每一次进步、每一份成绩都是对他们辛勤付出的最好回报。但当那个曾经让他们骄傲的孩子突然宣布不再上学,家长的希望似乎在一瞬间破灭了。那些曾经支撑他们在职场上拼搏、周末带孩子奔波于各个培训机构的动力,似乎一夜之间消失无踪。取而代之的,是无尽的焦虑、无数个失眠的夜晚,以及一次次的情绪崩溃。我曾遇到一位母亲,她告诉我,自从孩子不再上学,她的头发便开始大把大把地脱落,她每个夜晚都不敢闭上眼睛，生怕自己一旦睡去，就梦到孩子黯淡的未来。

在这些家长的内心深处，忧虑和恐惧如同一片浓重的阴霾，笼罩在他们曾经充满希望的天空。他们曾经满怀信心地为孩子铺设未来之路，却未曾预料到，这条道路上竟会出现如此多的荆棘和坎坷。然而，正是这些挑战，这些让我们感到困惑和无助的时刻，塑造了我们为人父母的成长之路，也给予我们重新审视和理解孩子的机会。

在这段艰难的旅程中，我们不仅要面对孩子的变化，更要面对自己内心的挣扎。我们开始意识到，作为家长，我们的角色可能需要转变，我们的教育方法可能需要更新。我们需要从单纯的指导者和保护者，变成孩子的倾听者和理解者。我们需要学会放下自己的焦虑和期望，真正走进孩子的世界，去感受他们的喜怒哀乐，去理解他们的需求和渴望。

正是基于这样的认识和理念，结合13年来帮助3000多名厌学孩子积累的经验，我完成了本书。本书将带领家长开启一段新的探索之旅。在这段旅程中，我们将一起学习如何倾听孩子的声音，如何理解孩子的感受，如何用更加科学和人性化的方式去引导和支持"躺平摆烂"的孩子，让他们重新积极地面对自己的人生。我们将一起探讨如何在尊重孩子个性的基础上，帮助他们建立自信，发挥潜能，培养责任感，以及在这个过程中，家长自身如何实现成长和释放。

在这本书中，我会带家长一层层揭开厌学现象背后的真相，探讨厌学的本质和起因，并系统地介绍解决厌学、网瘾问题的原则和方法，帮助家长更好地理解孩子，更有效地与孩子沟通。同时，也帮助家长进行自身的情绪管理和心态调整。因为在帮助孩子的过程中，我们自己的情绪和态度同样重要。希望本书能为那些正处于迷茫和困惑中的家庭带去一线曙光、一点希望。

在这本书中，你将读到许多真实的故事，它们来自不同的家庭、不同的孩子，但它们有一个共同点：家长对孩子永不放弃的爱和对改变现状的不懈探索。你将看到，面对厌学的孩子，家长如何从最初的困惑和无助，到逐渐理解孩子的内心世界，再到最终找到适合自己家庭的解决方法。这是一个充满挑战的过程，但也是一段充满希望和成长的旅程。

孟颖

2025 年秒春

CONTENTS

上篇 厌学解码 孩子为何拒绝上学 ... 001

第一章 8个预警信号：当孩子开始逃避学习 ... 003

第二章 网瘾真相：缺爱的孩子才沉迷虚拟世界 ... 007
  网瘾的真相 007
  游戏成瘾的原理 009
  如何判断孩子是否"成瘾" 011
  比成绩下降更可怕的三种后果 014

第三章 环境变量：外部因素如何逼退学习动力 ... 020
  个性化教学缺失 021
  同伴关系问题 022
  社会文化因素 023

第四章 亲子关系危机：从倾诉到对抗的转折点 ... 025
  亲子关系温度计 026
  亲子关系与厌学之间的关系 029
  对他那么好，为什么亲子关系还是不好 035

亲子关系疏远之下，孩子的 8 种表现　037

第五章　**拥有者型父母：以爱之名的教育陷阱**　040

拥有者型父母的行为特征　041

拥有者型父母的认知特征　042

拥有者型教育方式对孩子的影响　044

第六章　**学霸之困：优秀背后的心理崩塌**　047

厌学的孩子曾经是学霸　047

孩子走向无能为力的三个阶段　050

"学霸"变"无能"的原因　052

第七章　**情绪障碍：别把抑郁当叛逆**　055

青少年常见情绪障碍　056

怀疑孩子有情绪障碍，家长应该怎么做　063

中篇　破局行动
从"对抗"到"同频"的系统重建　069

第八章　**父母角色：从拥有者到成长陪伴者**　071

你是"拥有者"吗　072

拥有者型父母对孩子的影响　075

父母身份的重新确立　076

第九章　**婚姻关系：孩子安全感的"地基"**　079

父母的婚姻关系对孩子的影响　080

将婚姻关系确立为家庭的核心关系　083

配偶的第一需求 084

打破恶性循环 087

给离异家庭的建议 090

第十章 共情沟通：让孩子主动开口说心事 094

从"愤怒""失望"到"共情""理解" 094

向孩子道歉 096

用孩子的"爱之语"去爱他 100

参与孩子的生活 104

开启深度沟通——共情 109

第十一章 赞赏法则：肯定努力比聪明更重要 115

六种错误的赞赏 115

为什么"鼓励贴"会失效 120

有效的赞赏 122

如何持续不断地赞赏孩子 123

下篇 **复学攻坚**
从休学低谷到重返校园 127

第十二章 动力恢复：帮孩子找到学习使命感 129

应对"空心病"的好办法 130

应对拖延症和无力感的好办法 135

如何让孩子愿意接受心理咨询 140

会不会已经太晚了 144

第十三章　规则重建：从单方面制定到共同约定　150

爱和接纳，不够吗　150

如何制定规则　153

孩子破坏规则后，家长怎么办　157

零花钱的管理　162

第十四章　高效学习：快速提升，精准突破　165

如何快速提升成绩　165

留级和转学　174

第十五章　复学评估：孩子想上学？先做这 7 件事　179

复学的 7 个必备条件　180

识别孩子想改变的信号　189

第十六章　复学守护：如何度过关键的第一学期　202

复学后的第一个学期：成绩并非首要　202

复学后第一个学期的重点：实现三个"适应"　204

家长角色的转变　211

厌学解码

孩子为何拒绝上学

CHAPTER 1

第一章 8个预警信号：当孩子开始逃避学习

清晨6点，小林妈妈第7次推开孩子的房门，看到蜷缩在被子里的身影。床头柜上散落着未拆封的退烧药，平板电脑还在循环播放着游戏直播。这是小林本月第三次"发烧请假"，而校服被整齐地挂在衣柜里两周未曾移动。当她试图掀开被角时，迎接她的是歇斯底里的尖叫："别管我！"

这样的场景是否似曾相识？

在心理咨询室工作的13年里，我见证过无数这样的"家庭战争"。曾经父母眼中的乖宝宝，变成了父母完全不认识的"陌生人"。这些孩子被贴上"叛逆""懒惰""厌学"的标签。他们的行为和选择，令父母几乎每天都陷入绝望和愤怒之中。家长百思不得其解：我的孩子到底怎么了？

1. 昼夜颠倒的困兽

凌晨5点的卧室依然亮着刺眼的屏幕蓝光，而正午时分的明媚阳光却被厚重的窗帘彻底隔绝。书桌上的台历停留在三个月前的某一页，那页上用红笔写下的"月考"字样早已被咖啡渍晕染得模糊不清。不知从什么时候开始，孩子变成了一个昼伏夜出的人，他总是熬到早上六七点才拖着疲惫的身体上床睡觉，一觉睡到下午四五点才起床，一天只吃一顿饭，而且他不愿意吃家里的食物，总爱点外卖。

2. 电子产品的寄生者

充电宝永远插在发热的手机上,蓝牙耳机像长在耳廓里的器官。电脑散热器持续发出蜂鸣般的噪声,键盘缝隙嵌着三个月前掉落的薯片碎屑。手机相册里存着2376张游戏截图,最近拍摄的实景照片日期显示为两年前。孩子只要醒着,电子产品就一刻也不离手。他们在网上有干不完的事儿,打游戏、聊天、看小说、购物、看动漫。为了能自由使用电子产品,他们已经与父母发生无数次冲突,手机也已经被砸了好几个。离了电子产品,他们似乎一刻也活不下去。

3. 失去光泽的眼睛

钢琴盖上的灰尘积了硬币厚度,足球鞋在鞋柜最深处发霉。书架顶层的奥数奖杯底座结着蛛网,曾经贴满墙壁的英语竞赛证书边缘卷曲发黄,书桌抽屉深处藏着撕成两半的书法比赛获奖证书。阳台角落的素描本页脚粘连成块,调色盘里的颜料干裂出龟背纹。储物箱里躺着生锈的航模工具,未组装的机器人零件包装袋积满白色尘絮。曾经那个兴趣广泛的孩子早已消失,如今的他对什么爱好都提不起兴趣,唯一令他感兴趣的只有手机和电脑。

4. 暴风雨般的情绪

声嘶力竭的怒吼,经常像暴风雨般袭来。父母小心翼翼的一句提醒,常换来孩子凶神恶煞的怒吼:"要你管!"或者干脆"砰"地一声把房门锁上。甚至在几次激动时,孩子直接动起手来,家里的碗已经被砸碎好几个,书桌腿也早被踢坏。父母每次说话,都得左思右想,生怕哪句话没说好激怒了孩子。

5. 断崖式坠落的成绩

只要一到做作业的时间,孩子就变得拖拖拉拉,不是发呆,就是玩笔,或者上厕所,反正就是不愿意动笔。明明半个小时就能完成的作业,总要拖到晚上12点。试卷上的姓名栏出现歪扭的涂改液覆盖痕迹,作业本里大片空白页夹杂着撕扯的毛边。书包侧袋里藏着被揉成团的成绩单,最新的月考成绩一落千丈。

6. 家校之间的逃亡者

孩子开始频繁用"头晕""胃痛"作为请假理由。明明前一天晚上说好要上学,第二天早上又起不来了。落下的功课越来越多,无论老师怎么批评惩罚,孩子铁了心不做作业。学校储物柜里塞着本学期的课本,扉页上的姓名写得工整漂亮,内页却跟新书一样干净。

7. 亲子关系的冰河世纪

家似乎变成了旅馆。除了上厕所、取食物,孩子几乎24小时待在自己的房间。唯一主动找家长的时候,就是要钱。无论家长问什么,孩子的回复永远是"不知道""就那样""随便""不用你管"。曾经全家出游的合照被收进抽屉,取而代之的是打印出来的网络表情包,上面印着"离我远点"的硕大标语。家长想找孩子聊聊他的打算、问问他的想法,却总被拒于千里之外。

8. 自我惩罚的伤口

家长发现孩子夏天总穿着长袖衣服,袖口边缘有反复拉扯形成的毛边,药箱里的创可贴消耗速度异常快,垃圾桶底藏着带褐色痕迹的卫生纸。无意中瞥见孩子胳膊、手腕上一道道深浅不一的划痕,家长的心都碎了!

这些具象化的生活碎片,正在无数家庭中重复上演。家长不禁发出疑问:我的孩子到底怎么了?他到底经历了什么?为什么他变得如此陌生,变得让人无法理解?

或许,在许多家长的眼里,孩子的变化像暴风雨一样突然席卷而来,吞噬了一切安宁与和谐。<u>然而,这些症状和表现背后,藏着的不仅仅是孩子的叛逆,更是他们在面对内外压力时的无声挣扎</u>。家长们或许很难看清这一切,但孩子的每一种情绪和每一个忤逆行为,背后都有我们未曾深入思考的原因。

这些现象并不只存在于某一个家庭里,它们是当代青少年成长过程中的普遍痛点。如何透过这些具体的表现找到问题的本质,是所有家长需要完成的课题。<u>我们不仅要找到"孩子到底怎么了"的原因,更要反思"作为家长,我们的教育方式是否真的适合孩子"</u>。

第二章 网瘾真相：缺爱的孩子才沉迷虚拟世界

网瘾的真相

在辅导实践中，我观察到家长在面对孩子沉迷网络时，倾向于将其归咎于孩子的个人品格或态度问题，例如指责孩子"不求上进""懒惰""意志力薄弱"或"结交了不良朋友"。然而，这样的看法不但给孩子贴上了一连串负面的标签，而且可能加剧孩子的孤独感，使他们在网络世界中越陷越深。

那么，网瘾到底是怎么一回事呢？根据国家卫生健康委员会于2018年发布的《中国青少年健康教育核心信息及释义（2018版）》，"网瘾"全称为"网络成瘾"，指在无成瘾物质作用下对互联网使用冲动的失控行为，表现为过度使用互联网后导致明显的学业、职业和社会功能损伤。这种定义与赌博、购物等行为成瘾有相似之处，都涉及个体对某种行为的难以自控的沉迷。

网瘾的表现形式多种多样，包括但不限于过度沉迷网络游戏、社交媒体、在线视频等，这些行为都可能对个体的学业、工作、人际关系和身心健康造成负面影响。

脑科学研究表明，长时间沉浸在手机游戏中的个体，其大脑对游戏的依赖性显著增强。据中国青少年研究中心的调查数据显示，有超过60%的青少年表示在网络游戏中获得了现实生活中难以获得的成就感和归属感。而这种短暂的满足感背后,隐藏着孩子们深深的心理痛苦和无处释放的压力。

那些被虚拟世界光怪陆离的画面所吸引的孩子,他们心中隐藏着一种难以言说的苦楚。我与他们中的许多人进行过深入的对话,每一次交谈面对的都是一道道心灵的伤疤。他们的眼神中透露出迷茫,言语间流露出无助,仿佛是被困在了一个无形的迷宫中,找不到出口。

这些孩子常常陷入自我否定的旋涡,觉得自己在现实生活中毫无价值,一无是处。他们的内心充满了对未来的恐惧和不确定,感到前途渺茫,人生没有方向。这种深深的无力感,像是一块沉重的石头压在他们的胸口,让他们喘不过气来。

他们中的许多人,经常感到对不起父母。他们知道自己的行为让父母失望,他们想要改变,想要摆脱网瘾的困扰,但往往感到力不从心,像是被一张无形的网束缚住了手脚,无法挣脱。

小杰曾经是学校里的优秀学生,成绩优异,深受老师和同学们的喜爱。但自从沉迷于网络游戏后,他的生活发生了翻天覆地的变化。他开始逃课,成绩一落千丈,时常与父母发生冲突,家庭关系变得紧张。小杰的父母找到我寻求帮助,我很快与小杰有了直接联系。

有一天深夜,小杰给我语音留言,声音里带着哭腔。他说他已经连续玩了十几小时的游戏,现在感到头晕眼花,手指抽筋。他告诉我,他知道这样不对,但他就是控制不住自己。他害怕看到父母失望的眼神,害怕听到他们无奈的叹息。他感觉自己就像是一个囚犯,被困在了虚拟世界和现实世界之间,无法逃脱。

小杰的故事,是许多沉迷网络的孩子的缩影。他们的内心充满了痛苦和挣扎，他们渴望被理解和接纳，渴望自己能不受电子产品和网络的控制，渴望找到一条通往光明的道路。作为家长，作为教育者，我们有责任去倾听他们的声音，去感受他们的痛苦，去帮助他们找到自我救赎的力量。

游戏成瘾的原理

在当今这个数字化时代，游戏产业以其惊人的盈利能力和影响力，成为全球经济中不可忽视的一部分。据《2024年中国游戏产业报告》显示，中国游戏市场实际销售收入达到3257.83亿元人民币，同比增长7.53%，用户规模达到6.74亿人。这个庞大的市场背后，是成千上万的游戏公司和从业人员对用户需求的精准捕捉。游戏公司所聘请的精英，涵盖了心理学、行为学、社会学、视觉设计、动画设计、程序设计等诸多领域。在这些精英的共同努力下，一款款让人"欲罢不能"的游戏应运而生。

1."即时反馈"机制

游戏设计师们利用"即时反馈"机制，让玩家的每一步操作都能立即看到结果。无论是击败一个敌人，还是完成一项任务，屏幕上立刻出现的奖励和特效，都会给玩家带来满足感和成就感。这种快速的正面反馈，不断刺激玩家的大脑释放多巴胺，让玩家感到愉悦和兴奋，从而形成一种"奖赏效应"，使玩家渴望重复这种体验。这种机制的巧妙之处在于，它能够即时地回应玩家的行为，让玩家感受到自己的行为是有价值的，从而激发他们继续探索和挑战的欲望。

2. 角色成长系统

游戏中的角色成长系统，让玩家感受到进步和升级的乐趣。每当角色等级提升，或是获得更强大的装备，玩家都会感到一种成长的快乐，这满足了他们对自我提升的内在需求，使他们愿意投入更多的时间和精力。角色成长系统的设计，让玩家在游戏世界中不断追求更高的目标，体验到从弱小到强大的转变过程，这种转变不仅仅是数值上的提升，更是玩家自我实现的过程。

3. 社交元素

社交元素的融入，让游戏变成了一个社交平台。玩家可以和朋友一起组队，共同完成任务，或是在游戏世界中建立公会，结交新朋友。这种社交互动，不仅增强了游戏的趣味性，也让玩家在游戏中找到了归属感和认同感。社交元素的加入，让游戏不再只是一个人的战斗，而是变成了一个团队协作的过程，玩家之间的互动和合作，让游戏的体验更加丰富和多元。

4. 挑战与目标

游戏设计师们还巧妙地设置了各种挑战和目标，激发玩家的好奇心和征服欲。无论是探索未知的地图，还是挑战强大的怪物，这些目标都驱使玩家不断前进，探索游戏世界的每一个角落。这种设计让玩家在游戏的过程中，始终保持着对未知的探索欲望和对挑战的征服欲望，这种欲望推动着玩家不断深入游戏，体验更多的内容。

5."随机奖励"机制

游戏的"随机奖励"机制，也是让玩家欲罢不能的重要因素。在许多游戏中，玩家通过抽奖或打怪，有机会获得稀有的道具或装备。这种不确定性，让玩家充满期待，总想着"再试一次"，从而不断回归游戏。随机奖励机制让玩家在玩游戏的过程中，总是保持着期待，这种期待是玩家持续参与游戏的重要动力。

6. 定期更新内容

网络游戏还会通过定期更新内容，引入新的角色、装备和故事情节，让玩家始终保持新鲜感；同时，通过举办各种活动和赛事，激发玩家的参与热情和竞争欲望。这些活动不仅能够增加玩家的游戏时长，还能够提高玩家对游戏的忠诚度。

7. 个性化定制与高自由度

网络游戏还通过个性化定制和高自由度的玩法，满足不同玩家的需求。玩家可以根据自己的喜好和风格，定制角色的外观和技能，甚至可以自由探索游戏世界，选择不同的任务和剧情走向。这种个性化和高自由度的设计，让每个玩家都能在游戏中找到属于自己的乐趣。

这些游戏设计策略的效果是显而易见的。它们不仅吸引了孩子们的注意力，更在无形中增强了他们对游戏的依赖性。孩子们在游戏的世界里找到了成就感、归属感和亲密感，这些都是他们在现实生活中难以获得的。然而，这种依赖并非无害。它如同一张细密的网，将孩子们的心灵牢牢困住，使他们难以自拔。

面对这样的现实，我们需要认识到，帮助孩子走出网瘾并不是一场简单的与孩子之间的斗争。<u>孩子的心智尚未成熟，如果他们无法从现实的日常生活和学习中获得成就感、归属感和亲密感，那么一旦接触电子产品和游戏，"深陷其中"几乎是无法避免的结果。</u>因此，作为家长，我们需要采用更为科学和理性的方法，引导孩子逐步摆脱对游戏的依赖。如果我们能够帮助孩子在现实生活中找到真正的快乐和成就感，"脱瘾"就指日可待了！

如何判断孩子是否"成瘾"

在这个信息爆炸的时代，手机和平板电脑成了孩子们的新宠。然而，当孩子们沉浸在这些闪烁的屏幕中时，许多家长眉头紧锁，心急如焚。他们害怕孩子们会迷失在虚拟世界里，无法自拔。但家长们的过度担忧和盲目干预往往适得其反，反而将孩子们推向了更深的网络深渊。

一个阳光明媚的周末，小明坐在客厅的沙发上，手里紧握着手机，眼睛紧盯着屏幕。他的父母在一旁焦急地观察着，心里计算着时间。他们不停地提醒孩子："时间到了""你什么时候做作业？""你的瘾越来越大了"……

小明越听越觉得烦躁，他难得周末休息，却被父母的唠叨声打断，连一场畅快淋漓的游戏都成了奢望。父母的每一句提醒，都像是在挑战他的耐心，让他心中的叛逆之火越烧越旺。

终于，父母忍无可忍，动用了强制性手段——夺走手机、断网，甚至请老师出面批评，试图让小明停止沉迷手机。但这些行为，如同一把把锋利的剑，将小明与父母之间的情感纽带割得支离破碎。

在小明看来，他的父母已经变成了他的仇人。他觉得父母所做的一切，都是因为他们不想让他快乐。既然关系已经破裂，小明选择了彻底反抗——他不再去学校，锁上房门，沉浸在自己的游戏世界中，想玩多久就玩多久。

这样的情景，是不是在许多家庭中都上演过？

在上述情景中，家长无法正确识别孩子的网瘾程度，以至于言行被自己的焦虑和担忧所控制，成为将孩子推向网瘾深渊的推手。网瘾既不是与生俱来的，也不是一夜之间形成的。孩子从自律到彻底成为网瘾的俘虏，通常会经历五个阶段。

第一阶段：正常使用

在这个阶段，孩子有较强的自律性，家庭中也有着明确的规则，比如：哪些游戏可以玩，哪些不可以；什么时间可以玩，玩多久；违反规则会有什么后果。孩子在这个阶段能够严格遵守这些规则，知道何时开始，何时停止。

如果你的孩子正处于这个阶段，那么恭喜你，你的孩子没有网瘾，他的行为完全正常。作为家长，你需要把握好爱与管教的平衡。在电子产品的使用上，设定并坚守明确的界限；同时，关注孩子的情绪变化，及时疏导他在学习、人际关系上的压力；此外，也要关注孩子的交友情况，如果他交到了有网瘾的朋友，那么你需要保持高度警惕。

第二阶段：使用过量

在这个阶段，孩子开始无法自控，但家长的提醒或阻止能够让他停下来。换句话说，家长管得住孩子。然而，如果没有家长的监督，他们可能会沉迷游戏，玩很长时间。如果孩子处于这个阶段，家长需要开始警醒。如果没有采取有效的措施，孩子很可能会滑向更深的网瘾。

家长需要探究孩子内心是否有困扰、压力过大，或者他们是否在逃避某些人或事。然后，有针对性地帮助孩子疏导情绪、缓解压力，并积极地帮助他们发展游戏之外的兴趣爱好，尤其是体育运动。

第三阶段：网络沉迷

这个阶段的孩子既不能自控，也不受他控，他们的日常生活受到了严重影响，但仍然保持着基本的生活作息。例如，他们还能正常吃饭、睡觉、上学，但无法认真听课，可能会经常请假，甚至为此撒谎。这个阶段的孩子学习成绩下滑严重，对什么都不感兴趣，情绪暴躁，易与父母发生激烈冲突。

当孩子处于这个阶段时，家长会感到非常痛苦。他们可能会尝试各种方法来控制孩子玩手机的时间，但往往发现这些方法都不奏效。这是因为家长们通常只关注管控行为，而没有触及孩子沉迷网络的深层原因。如果孩子处于这个阶段，强烈建议家长立刻寻求专业的帮助，学习如何走进孩子内心，如何有效地解决亲子沟通卡点，设立规则，正面管教。

第四阶段：网络成瘾

在这个阶段，孩子的作息时间已经完全颠倒，他们日出而息、日落而作：上午九十点才睡觉，睡到下午五六点起床，晚上七八点开始继续打游戏。这个阶段的孩子通常已经不上学了，家庭冲突非常激烈，没有人管得了他们。

如果你的孩子已经到了这个阶段，你需要马上停止所有的打骂、指责、批评、说教、唠叨，开始重新养育这个孩子。但需要注意的是，这是一场持久战。哪怕孩子处于这个阶段的时间不长，且家长下定决心彻底改变，通常也需要3~4个月才能取得成效。

第五阶段：过激行为

这是网瘾最严重的阶段，孩子可能会出现自残或者伤害他人的过激行为。这对家长来说，是最难理解和接受的事情。辛辛苦苦养大的孩子，看自己像仇人，情绪爆发时好像彻底失去理智的野兽。

在这个阶段，孩子就像一个受了重伤的人，需要家长以年为单位的陪伴、关爱和支持，才可能慢慢恢复。

了解了网络成瘾的五个阶段，家长可以根据孩子日常的电子产品使用行为，对他的成瘾程度进行初步判断。

请记住，每个孩子都是独特的，他们的需求和反应也会有所不同。在本书的第三部分，我们将探讨家长具体可以做些什么，以及怎么做。

比成绩下降更可怕的三种后果

"为什么孩子以前很聪明，现在好像变笨了？脑袋转不动了？"

"为什么孩子的记性越来越差？"

"为什么孩子整天不开心？还脾气火暴，一言不合就冲家长大吼大叫？"

第二章 | 网瘾真相：缺爱的孩子才沉迷虚拟世界

"为什么孩子玩游戏的时间越来越长，完全控制不住？"

如果你家孩子沉迷网络，每天持续时长超过 2 小时，那么以上现象的出现几乎是必然的。这是一个不容忽视的事实，也是一个亟待解决的问题。

这个板块的内容涉及非常复杂的脑科学知识，我会尽量用简单的语言来讲述。读完本板块，你就能找到以上问题的答案了，也能明白下一步该怎么帮助孩子远离这些后果了。

我将从两个方面来讲解长时间打游戏对孩子大脑生理结构的影响。

1. 思维迟缓，情绪易激动

在人类大脑的复杂结构中，前额叶和杏仁核扮演着至关重要的角色，它们协同工作，维持着我们的思维和情绪平衡。

前额叶：思维的指挥家。前额叶位于大脑的前部，是大脑皮层中最发达的区域之一。它负责执行功能，与注意、记忆、决策、问题解决等高级认知功能有密切关系，对高级的、目的性行为有重要作用。当我们进行逻辑分析或深入思考时，前额叶就像一个指挥家，协调着大脑中的各种信息流，确保我们的思维有序进行。在学习、考试、下棋或拼图等活动中，前额叶发挥着核心作用。它帮助我们集中注意力，筛选重要信息，抑制无关刺激，从而提高我们解决问题的效率。此外，前额叶还与工作记忆密切相关，工作记忆是我们在处理信息时暂时存储和操作信息的能力，对于学习和理解复杂概念至关重要。

杏仁核：情绪的调节器。杏仁核位于大脑的深处，虽然体积不大，但其功能不可小觑。它主要负责处理和生成情绪反应，尤其是与恐惧、快乐、愤怒等强烈情绪相关的反应。当我们遇到潜在的威胁或令人兴奋的事物时，杏仁核会迅速启动，激发我们的情绪反应。

情绪的快速反应对于生存至关重要，但过度的情绪反应可能导致我们失去理智。这时，前额叶就显得尤为重要。它像一个冷静的调解者，评估情绪反应是否适当，并在必要时调节或抑制这些反应，帮助我们恢复冷静，避免冲动行为。

将前额叶和杏仁核比作汽车的刹车和油门，是一个非常形象的比喻。杏仁核作为油门，能够迅速激发我们的情绪和行动力。而前额叶作为刹车，能在我们情绪高涨时提供必要的抑制，确保我们的行为不会偏离理性的轨道。

一个脑功能正常的人，能够在前额叶和杏仁核的协同作用下，保持情绪的稳定和行为的合理性。这种平衡对于我们的日常生活和社会交往至关重要。当我们面临压力或挑战时，这种内在的调节机制能够帮助我们保持冷静，做出明智的决策。

那么，这两个脑组织与游戏有什么关系呢？

当孩子接触一款新游戏时，他得去思考"怎样才能通关晋级？""怎么才能打败怪物？"，所以在这个阶段，孩子的前额叶会努力工作。但是，当孩子把游戏玩得"很溜"、规则弄得很清楚了之后，他的每一步操作几乎都是出于肌肉记忆和本能反应，前额叶基本不需要工作。与此同时，游戏带给杏仁核的刺激却始终存在。孩子在游戏中遇到危险或挑战时，他会害怕、紧张；得到奖励或通关成功时，他会兴奋、开心。

在探索大脑如何响应我们的日常习惯时，我们不得不提到一个古老而深刻的原则——"用进废退"。这个概念源自生物学，最早由法国生物学家让-巴蒂斯特·拉马克提出，后来被现代神经科学所证实。它告诉我们，大脑的可塑性是非常强的，以至于我们的思维习惯和行为模式能够实实在在地改变我们的大脑结构。

想象一下，我们的大脑就像一块肌肉，经常锻炼的肌肉会变得更加强壮和发达，而长时间不使用的肌肉则会逐渐萎缩。同样，当我们频繁使用大脑的某些区域时，比如杏仁核，这部分的神经连接会变得更加紧密和高效；相反，那些不常用的区域就会逐渐退化，如前额叶。

那些长期沉迷于游戏的孩子，就是这一原则的生动体现。<u>游戏中的即时反馈和随机奖励机制，不断刺激着孩子们的杏仁核，使其过度活跃；而前额叶——负责理性思考和决策的区域——却因为缺乏足够的逻辑思考和策略性挑战而逐渐退化。</u>

这种不平衡的发展导致了孩子在认知和情绪上的双重障碍。他们的思维变得迟缓，对学习和其他需要深度思考的活动失去了兴趣；同时，由于杏仁核的过度活跃，孩子们的情绪反应变得更加激烈和不稳定，一点小事就可能引发他们强烈的情绪波动。

这就是为什么我们经常看到，那些长时间沉浸在游戏世界中的孩子，似乎变得不那么聪明，不再愿意动脑筋解决问题，对学习失去了热情，而且情绪变得异常暴躁。他们就像是拥有了一个超级敏感的油门，而控制情绪和行为的刹车却逐渐失效。

理解了大脑的"用进废退"原则后，我们便可以有针对性地采取措施，促进孩子大脑的全面健康发展。以下是一些具体而实用的建议。

（1）鼓励孩子经常挑战新游戏

这不仅指电子游戏，还包括各种能够引发思考和锻炼解决问题能力的活动。比如，可以引导孩子尝试不同类型的桌游，它们往往需要玩家运用策略、逻辑推理和创造性思维。通过这些游戏，孩子的前额叶将得到有效锻炼。

（2）带孩子多做"烧脑"的事

"烧脑"活动指的是那些需要动用大脑进行深入思考和分析的事。例如：下棋是一种极好的选择，无论是国际象棋、中国象棋还是围棋，它们都能锻炼孩子的前瞻性思维和决策能力；钢琴不仅是一种艺术熏陶，也是对记忆力和协调性的挑战；拼图游戏能够提高空间认知能力和专注力；外语学习能够增强语言处理能力和文化理解；做数学题，尤其是那些需要创造性解决方案的题目，能够锻炼孩子的逻辑思维和问题解决能力。

这些活动不仅能够激发孩子的大脑潜能，还能帮助他们在乐趣中学习，培养对知识的好奇心和探索欲。重要的是，家长应该根据孩子的兴趣和个性特点来选择合适的活动，使学习过程变得更加个性化和富有成效。

2. 快乐成了很难的事

家长可能会发现，沉迷游戏的孩子往往对游戏之外的世界失去了兴趣，整日无精打采，脸上难见笑容。这一现象背后，隐藏着大脑中多巴胺分泌的奥秘。

多巴胺，这种神经递质在大脑中扮演着至关重要的角色，与我们的快乐、兴奋感受密切相关。许多人都听说过多巴胺，但对其分泌过程的复杂性可能并不了解。

想象一下，人的大脑中有 10 根分泌多巴胺的通道，它们如同精密的生产线，每 10 分钟生产出 10 个多巴胺分子。这些多巴胺分子帮助我们抵消生活中的压力和痛苦，让我们的情绪保持在一个平衡的状态。这是一个健康的大脑应有的工作方式。

然而，当一个孩子沉浸在令他极度兴奋的游戏中时，他的大脑会经历一场风暴。这种情绪上的冲击，其强烈程度不亚于毒品给人带来的快感。在这种强烈的刺激下，每根通道的多巴胺产量激增至 15 个。原本只需 100 个多巴胺分子就能维持平衡的大脑，突然被 150 个多巴胺分子所淹没。面对这种过量的兴奋，大脑会做出什么反应呢？

大脑会启动自我保护机制，关闭部分通道以维持情绪的稳定。假设它关闭了 3 根通道，那么只剩下 7 根通道在工作。这个孩子以前只需玩 10 分钟游戏就能达到极致的快乐，现在却需要 20 分钟，因为只有 7 根通道在努力分泌出 150 个多巴胺分子。但这种快乐是短暂的，当身体的警报系统再次响起，大脑可能会再次关闭部分通道，以减少多巴胺的分泌。

随着时间的推移，孩子大脑中正常工作的多巴胺分泌通道越来越少。为了再次体验到那种快乐，他们不得不不断地延长游戏时间。但当他们离开游戏，回到现实世界时，那仅剩的一两根通道分泌的多巴胺分子，已远远不足以让他们感受到快乐和兴奋。这就是为什么长期沉迷游戏的孩子，会变得难以感受到快乐，整日无精打采。

家长现在应该明白，为什么孩子会变得闷闷不乐了吧？将游戏比作当代的精神鸦片，并不夸张。我们可以做的，是了解真相之后全方位地武装自己，成为孩子智慧的守护者，帮助他们从网瘾的泥潭中挣脱出来。

第 三 章

CHAPTER 3

环境变量：外部因素如何逼退学习动力

当孩子的眼神不再闪烁着对知识的渴望，当他们的脚步在校门前变得迟疑，家长的心也随之沉重。面对孩子的厌学行为，许多父母感到困惑不已，他们不明白：为何曾经那个对世界充满好奇、渴望探索的孩子，如今却对学习失去了兴趣？家长的内心充满了疑问：是我们做错了什么吗？是不是我们的期望太高、施加的压力太大？还是孩子在学校遇到了什么困难？

这种迷茫和不解，是每位家长在孩子成长道路上都可能遇到的挑战。我们看着孩子们的背影，既感到心疼，又感到无助。我们渴望找到答案，渴望找到解决问题的方法，渴望重新点燃孩子心中对学习的热爱。

然而，在寻找解决方案之前，我们必须先了解厌学背后的深层原因，理解孩子的内心世界。只有深入了解了孩子厌学的原因，我们才能有的放矢，采取有效的措施来帮助孩子。

事物的变化通常是内外因素共同作用的结果。当我们探讨孩子成长过程中的各种现象时，既不能忽视其内在心理机制，也需要清醒认知外部环境带来的深刻塑造力。

在孩子的成长轨迹中，家庭氛围、学校环境、社会文化等外部力量始终在持续施加影响。这些因素如同环绕周身的空气，无形却切实地影响着他们的认知方式、行为模式和心理状态。某些情况下，这些外力会成为滋养成长的养分；但在特定条件下，也可能转化为令人窒息的压迫感，最终导致学习动力的枯竭。

以下这四种关键性外部影响因素，往往与孩子的厌学行为存在显著关联。

个性化教学缺失

在传统教育模式中，教师通常需要面对数十名学生，这使得他们很难为每个孩子提供个性化的教学。单一的教学方法，虽然在某些情况下行之有效，却可能不适合所有学生的学习风格。一些孩子可能在这种模式下如鱼得水，而另一些孩子却可能感到迷茫和不适。这种一刀切的教学方式，往往忽视了孩子的个性差异，他们的学习风格、思考方式和接受能力各不相同。

统一的教学内容也可能与孩子的兴趣不符。他们会认为课程内容枯燥无味，远离他们的兴趣和生活经验，因此在学习中感到无聊和不投入，注意力也会逐渐游离。在这种情况下，孩子的学习热情会大打折扣，甚至对学习产生抵触。

此外，缺乏灵活性的课程安排和教学进度也是导致孩子感到挫败的原因之一。每个孩子的学习节奏和理解能力都不尽相同，固定的课程安排和统一的教学进度可能无法适应每个孩子的个性化学习需求。对于那些需要更多时间来消化和理解知识的孩子来说，这种教学模式可能会让他们感到压力和挫败。

个性化教学缺失的结果是，孩子可能会感到自己的需求和兴趣被忽视，他们可能在学校里无法找到自己的位置。这种被边缘化的感觉，可能会导致他们对学习产生抵触情绪，甚至开始怀疑自己的价值和能力。他们可能会开始逃避学习，寻找其他的方式来获得认同和满足感。

同伴关系问题

在孩子的成长过程中,同伴关系扮演着非常重要的角色。尤其是对于青春期的孩子来说,同伴的影响甚至会逐渐超过父母的影响。如果孩子在学校有幸交到趣味相投的朋友,其带来的正面影响可以抵消很大一部分学业和竞争压力。与此相反,同伴之间的负面互动,将会如阴霾般遮蔽孩子们社交天空的阳光,可能会对他们的心理健康和学习态度产生严重负面影响。

欺凌行为,这一校园中的隐痛,让许多孩子心生恐惧。在学校中遭受欺凌的孩子,可能会害怕去学校,他们的脚步在通往教室的路上变得迟疑和沉重。欺凌不仅是一种身体上的伤害,更是一种心灵上的创伤。它让孩子对学校这个本应帮助他们学习和成长的地方,产生了强烈的逃避心理,甚至产生逃避学习的行为。

社交排斥,这种无形的伤害,让孩子感到孤独和无助。每个孩子在群体生活中都有被接纳、被信任的需要,当孩子被同学,甚至是之前的好友排斥时,他们会产生强烈的羞耻、愤怒、恐惧、担忧、孤独、无助等感觉。这些情绪,如同沉重的石头,压在他们的心头,进而引发严重的社交焦虑。曾经有此经历的孩子在咨询过程中,向我这样描述那段经历:"我一想到第二天去学校,又要面对那些人,我就难受,胸口好像有块大石头压着,我感觉呼吸困难。在班上,我几乎不敢看他们。看到他们聚在一起说话,我就感觉他们在说我坏话。"

同伴关系问题如果不被及时识别和解决,可能会导致孩子在学校感到不安全和不被接纳。这种感觉,如同一根刺扎在孩子的心中,分散了他们的注意力,让他们在面对学习挑战时难以集中精力。甚至会导致孩子对学校产生厌恶,他们可能会逃避上学,逃避那个让他们感到痛苦的地方,从而错失了学习和成长的机会。

社会文化因素

在当今社会,青少年的成长环境与以往大相径庭。他们生活在一个信息爆炸、文化多元的时代,电竞文化、网红文化、二次元文化等新兴元素如雨后春笋般涌现,吸引着孩子的注意力。这些文化现象以其独特的魅力和新颖的互动方式,成为青少年群体中的一种潮流和趋势。

电竞文化,以其高度的竞技性和团队合作精神,让许多青少年为之着迷。他们通过观看比赛、参与讨论,甚至亲自上阵,体验着游戏带来的紧张刺激和成就感。

网红文化,以其独特的魅力迅速在青少年群体中蔓延开来。这种文化现象以其低门槛、高互动性和潜在的经济回报,吸引了众多年轻人的目光。在他们眼中,成为一名成功的网红似乎并不需要深厚的学识或高学历的背景,而是更多地依赖于个人的魅力、外貌和口才。

二次元文化,以其丰富的想象力和创造力,构建了一个充满奇幻色彩的世界,为青少年提供了一个逃离现实、探索未知的空间。沉浸在二次元文化中,任何在现实生活中得不到成就感、认同感和归属感的孩子,都能在二次元中轻松获得这些。

这些文化现象如同五彩斑斓的泡沫,吸引着孩子的目光,对孩子的吸引力有时甚至超越了学业。当它们成为孩子生活中的主角时,传统的学习方式和教育体系就显得苍白无力。

这三种关键性外部影响因素,如同交织的丝线编织成困住孩子的无形之网。从情绪温度到认知视角,从行为惯性到价值取向,每个触点都在悄然改写他们与学习的关系图谱。要解开厌学症结，我们需要在错综的环境变量中定位关键节点——或许是家庭对话中某段持续失真的频率，或许是学校环境里某处长期缺氧的角落。唯有将观察镜头对准这些具体而细微的互动现场，才能真正理解孩子为何会在知识的海洋中筑起一道防水屏障。

第四章 亲子关系危机：从倾诉到对抗的转折点

CHAPTER 4

接待来访家庭时，我通常会详细了解家长与孩子之间的亲子关系。这是解决青少年各类问题时，不可逾越的关键步骤，因为问题的症结往往就在于此。

但是，对于热锅上的蚂蚁一般的家长来说，"如何让孩子乖乖去上学""如何让孩子愿意少玩手机"才是他们最想谈论的话题。来到咨询室的家长总是迫切地寻求具体的话术、方法来解决眼前棘手的问题，不太愿意在"亲子关系"这个话题上进行过多探索。他们就像病人去医院进行检查治疗，期待医生开几颗速效药，自己吞下去就能立马起效。但咨询师往往就像医生，会在听完病人的讲述后，给他开张CT检查单，要求进行进一步的检查。

下面是一段比较有代表性的对话。

我：你跟孩子的关系怎么样？

来访者：挺好的。

我：怎么个好法呢？

来访者：孩子有时候会跟我聊学校里的事。

我：嗯，听起来还不错。那么，孩子会跟你聊他的感受、想法吗？

来访者：这个嘛，不怎么聊。老师，我们现在最着急的是怎么解决他不上学的问题，您有什么建议吗？

简单的几句对话，已经基本暴露了这个家庭的亲子关系——离"好"还相距甚远。

亲子关系温度计

到底如何评估一个家庭的亲子关系质量呢？给大家介绍一个简单的方法——通过评估家长与孩子之间的沟通层级来评估亲子关系现状。亲子沟通可以分为四个层级。

1. 寒暄式沟通

在寒暄式沟通中，家庭成员之间通常只进行最基础、最表层的交流。父母稍想前进一步，孩子就会关上对话的门。例如：

父母：回来啦！

孩子：嗯。

父母：吃饭了。

孩子：来了。

父母：今天在学校怎么样？

孩子：就那样。

这样的对话很难进行下去。家长找不到孩子愿意聊的话题，孩子也认为跟家长无话可说。

寒暄式沟通与普通同事之间的点头之交几乎没差别。父母与孩子之间像隔着铜墙铁壁，虽然面对面坐着，但两颗心相隔千里。这种沟通模式让父母感到无力和挫败。父母渴望了解孩子的内心世界，却找不到合适的方式去敲开那扇紧闭的门。孩子则可能感到孤独和被忽视，他们的需求和感受得不到充分的表达和理解，他们甚至觉得家庭中的氛围让人压抑窒息。

这种情况通常会在孩子进入青春期后出现，因而有些家长将其归因于孩子的青春期。但事实上，寒暄式沟通是可以避免的，也是可以改变的。在本书的第三部分，我们会介绍具体的解决方案。

2. 信息式沟通

在信息式沟通的层级中，家庭成员之间的交流主要集中在具体事件和基本信息上。例如，家长可能会询问孩子："今天在学校有什么新鲜事吗？"或者"老师有没有布置什么特别的作业？"他们也可能关心孩子的社交生活，问："你在学校有没有交到新朋友？"这种沟通模式往往聚焦于日常的信息，而缺乏深层次的情感连接。

大多数家庭的沟通都停留在这个层面，无论是亲子之间还是夫妻之间。家长可能认为，只要孩子愿意分享一些学校的事情，就说明他们之间的关系已经很融洽了。然而，这种认知可能是一种误解。实际上，信息式沟通仍然是一种比较表面化的交流方式，它并没有触及个体的内心世界。

如果家庭成员长期处于这一沟通层级，他们可能会在相处时保持一种表面的和谐，内心深处却感到孤独和隔阂。他们可能渴望与人分享更深层次的感受，却不知如何启齿。他们可能想要了解对方的内心想法，却找不到合适的方式去探索。这种沟通方式虽然能够维持日常的家庭生活，却无法真正满足人们对于情感交流和深度理解的需求。在这样的环境中，每个人都可能感到一种难以言说的孤独，即使身体上彼此靠近，心灵上仍相隔甚远。

3. 情感式沟通

情感式沟通标志着亲子交流进入了一个新的维度。在这一层级，家长与孩子之间的对话不再局限于日常事件的汇报，而是开始触及内心的真实感受。

孩子可能会坦诚地告诉父母："今天我在学校感到非常沮丧，因为我觉得老师的做法不公平。"他们可能会描述自己的愤怒和失望，甚至表达出想要逃避的冲动："我气得全身发抖，那一刻我真不想待在教室里，甚至不想再回到那个地方。"孩子也可能向父母透露他们对于某些诱惑难以抗拒，比如手机游戏或短视频："我真的很想放下手机，但里面的内容太吸引人了，我越是想控制自己，越是难以放手。"这种坦诚的表达，不仅展示了孩子的内心世界，也为他们提供了一个释放情绪压力的出口。

当孩子愿意与父母分享这些深层次的感受时，这意味着亲子之间建立了一种信任和理解的关系。孩子感到安全，他不必担心被评判或误解。这种沟通方式不仅加深了家庭成员之间的情感联系，也为解决冲突和难题奠定了更加坚实的基础。通过情感式沟通，家庭成员能够更好地理解彼此，共同面对生活中的起伏和挑战。

4.透明式沟通

透明式沟通是最为深入和坦诚的沟通层级。在这一层级中，父母与孩子之间的交流是完全开放的，双方都能够放下防备，展现出自己最真实的一面。在这样的沟通环境中，父母和孩子可以自由地分享他们的需求、喜好和感受，甚至可以谈论那些通常被认为敏感或尴尬的话题。这种沟通不设限，允许双方在没有恐惧或自我审查的情况下表达自己，双方都能够以一种真诚和不加掩饰的方式进行交流。例如，孩子可能会坦诚地告诉父母他对某个家庭成员的看法，或者分享他在学校遇到的困难和挑战。他可能会表达自己的不安、恐惧，或是梦想和希望。同样，父母也可以和孩子分享自己的担忧、期望和生活经验。

在透明式沟通中，当孩子表达自己的时候，父母不仅能够倾听，还能给予接纳和理解。这种接纳不仅仅是对言语的接受，更是对孩子情感和个性的尊重。这样的沟通模式为孩子提供了一个安全的成长环境，让他们知道无论他们的想法和感受如何，都能得到父母的理解和支持，使得孩子在成长过程中能够感受到被爱和被接纳，这有助于孩子建立自信，学会表达自己，同时也能够帮他们学会如何更好地处理人际关系和生活中的挑战。

透明式沟通不仅仅是一种沟通方式，更是一种生活方式，一种建立在信任、尊重和理解之上的家庭文化。

通过对四种沟通层级的深入了解，家长现在应该能够清晰地认识到自己与孩子之间的沟通处于哪个层级，也能够对自家的亲子关系现状进行初步的评估了。

基于这样的认知，接下来我们将进一步探索：为什么我们的亲子关系会是现在这个样子？我们的亲子关系是否在无形中促成了孩子的厌学情绪，或是让他们更倾向于沉迷电子产品以寻求逃避或安慰？

亲子关系与厌学之间的关系

在孩子厌学现象的背后，我们往往能发现亲子关系疏离的踪迹。在许多家庭中，这种紧张关系几乎成了孩子厌学情绪的温床。曾经那个乐于分享学校趣事、滔滔不绝的孩子，不知何时变得缄默。他们放学回家，仿佛只是暂时寄居的旅客，一进门便将自己封闭在房间内。即便是在餐桌上，家长的询问也往往只能换来孩子简短而冷淡的回应："我知道""就那样""还行"。这些对话显得生硬且难以深入，孩子吃完饭后便匆匆退回自己的空间，与父母之间的交流寥寥无几。

当家长目睹孩子沉溺于手机，作业未完成，却似乎对此毫无自觉时，他们会出于关心提醒孩子。然而，这些提醒往往收效甚微，孩子或是拖延，或是显得烦躁不安，更有甚者可能会情绪失控，对父母发火。在面对父母时，孩子常常面无表情，情感的波动似乎被刻意隐藏；但一旦沉浸在游戏或与网友的交流中，他们的情绪又变得活跃，仿佛换了一个人。

随着时间的流逝，父母与孩子之间的隔阂越来越深。孩子的内心世界，他们面临的挑战和压力，对家长来说成了一个谜。家长与孩子的对话往往停留在日常琐事上，如起居、饮食、学习等，家庭的温暖和支持感逐渐流失。这种沟通的缺失不仅影响了家庭氛围，也可能导致孩子在学业上的消极态度，因为他们感受不到家庭的理解和支持，对学习失去了兴趣和动力。亲子关系的疏离，成为孩子产生厌学情绪的一个不可忽视的因素。

接下来，我们通过几张图表，探讨长期疏远的亲子关系如何诱发孩子的厌学情绪和网络依赖等问题。

通常，家长会根据孩子的外在行为表现来评估、管教他们。例如：如果孩子放学后认真地做作业，在玩手机或电脑时遵守规则，成绩优异且稳定，家长会认为孩子自律性强、追求上进；相反，如果孩子回家后不写作业，连课本也懒得翻开，光顾着玩游戏，一玩就是两三个小时，同时成绩下滑，频繁请假，不愿上学，家长则会认为孩子缺乏上进心，没有目标，自律性差。

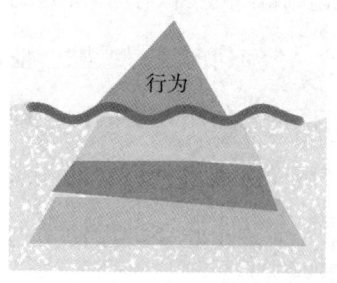

当家长习惯性地依据孩子的行为进行评估、定论、管教时，他们往往将孩子的行为问题归因于懒惰、缺乏上进心，或是不慎结交了不良朋友、游戏太害人等。紧随其后的管教方式多半是批评、指责、打骂、控制、恐吓、欺

骗。而无数次的事实证明，这些管教方式难以奏效，要想从根源解决孩子行为上的问题，家长需要思考："孩子的行为究竟源自何处？"

答案是"价值观"。一个人的价值观决定了他会做出什么样的行为。

什么是"价值观"呢？价值观是一个人对事物价值的基本信念和评价标准，决定着他认为什么是重要的，是值得追求的。它是人们用来评估行为、事物重要性和决策的内在准则，通常影响一个人如何做出选择以及与他人互动。

我们通过举例来说明。如果一个孩子认为不断取得进步、成功和追求卓越是有价值的事，那么他就会不断学习新知识、勇于突破障碍，对目标锲而不舍。但是，如果一个孩子认为"今朝有酒今朝醉"很有道理，人生短短几十年，没有必要活得那么辛苦，那么他就会秉持随遇而安的处世态度，凡事得过且过，缺乏明确的目标与自我约束，随波逐流。

因此，价值观决定了行为。那么，价值观是怎么形成的呢？有些家长会认为，价值观是外界灌输给孩子的，所以他们试图通过讲道理、说教或者讲述故事，将价值观灌输给孩子。但是问题来了，为什么家长天天把道理挂在嘴边，但孩子并不接受呢？

价值观其实源自世界观。世界观是什么？我们抛开中学课本上的复杂理论，用更通俗的语言来说，世界观就是一个人对世界的根本看法和理解。

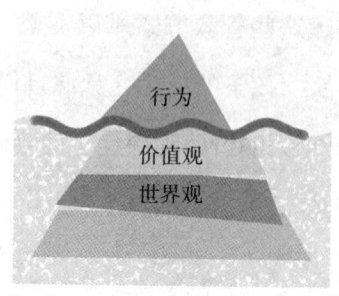

如果一个孩子认为世界是充满爱的、温暖的，他就会形成这样一种价值观，即认为帮助他人、让他人感受到温暖和爱是有价值的事。因此，他会倾向于做出助人行为。

如果一个孩子认为世界遵循"人不为己，天诛地灭"的生存法则，那么他将形成什么样的价值观呢？他可能会认为将"我"的利益最大化是最有价值的事。这将导致他以自我为中心、自私自利。

因此，<u>一个人的世界观决定了他的价值观，价值观决定了他的行为。</u>

接下来，我们继续探索世界观的来源。与价值观一样，世界观也不是被外界所灌输的。一个人如何看待所处的世界，是由他与所处环境以及周围人的关系决定的。

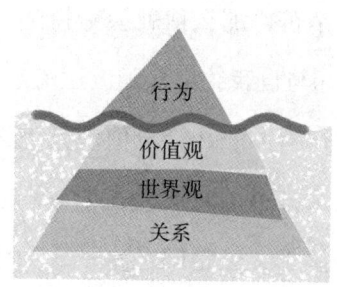

我们还是举例来说明。一个孩子在童年时期，有一个稳定且充满爱的成长环境，生活的家庭和主要照顾者不经常发生变化，他的需求可以很快得到回应：饿了马上得到可口的食物，哭泣时立刻得到安慰。主要照顾者温和有爱，总是与孩子说笑。那么在这种亲子关系中，孩子会如何看待所处的世界呢？他会认为世界是安全且充满爱的。这将促使他形成一种价值观，即认为自己是有价值的。在后续的人生旅程中，孩子就会展现出自尊、自律且尊重他人的良好品质。

相反，如果一个孩子从小生活在动荡不安的环境中，主要照顾者整天忙碌，无暇照顾、陪伴他，或者态度冷漠、脾气暴躁，孩子的需求无法得到及时满足。在这种亲子关系中，孩子会认为这个世界是一个冷漠、可怕的地方。进而，他可能会认为自己是一个没有价值的人，一个无足轻重的人。最后，孩子可能会表现出两种极端行为：要么极度自卑，要么极度自大。

因此，个体的外在行为是由价值观决定的，而价值观又源于世界观，世界观则取决于个体与世界以及周围人的关系。

现在，我们把关注点放到那些出现厌学和网瘾问题的孩子身上，他们是如何一步步发展成这样的呢？

他们与父母的关系是渐行渐远的，是疏离的，是冷漠的。在这种关系之下，孩子认为父母只关注他们的学业，无视了自己的真实需求和喜怒哀乐。孩子可能会认为自己的价值取决于外在表现和成绩。当表现良好、成绩优异时，父母就夸他是好孩子，他也会认为自己是有价值的；然而，当学习成绩不佳，无法为父母带来荣耀时，父母就不断逼孩子学习、改变，孩子就会认为自己不被爱。"父母的爱带着太多附加条件，他们爱的是能为他们带来荣耀的孩子，而'我'却不是。"这就是孩子所感知到的关系。

在这种情况下，孩子会形成什么样的世界观呢？他会认为现实世界没有意思，在现实世界中很难获得成就感、价值感、爱和归属感，他是一个失败者、一个无用之人，没有人看得起他，也没有人欣赏他，所以现实世界对他并没有吸引力。相比之下，游戏世界就有意思多了，可以轻松收获快乐、刺激、奖励、成就,充满乐趣,将时间投资在电子产品上是值得的。

进而,孩子形成的价值观就是把时间和精力花在游戏上是值得的,而花功夫去学习太累了,不值得做。

最后,孩子可能表现出的行为就是讨厌学习,缺乏内驱力,沉迷电子产品,甚至认为待在学校里是浪费时间,所以选择辍学,把自己锁在家里日夜颠倒地打游戏。

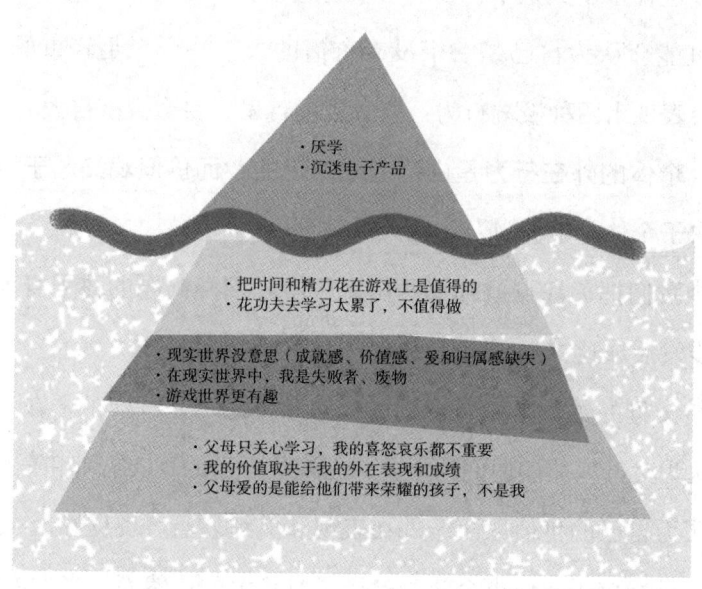

由此可见,孩子的厌学行为并非凭空产生,而是在与父母的日常互动中逐渐形成的。要解决厌学问题,关键在于重建亲子之间的亲密关系,为孩子提供一个充满爱和支持的成长环境。家长需要放下指责和批评,学会倾听和理解孩子的内心世界,与孩子共同探索和建立积极的价值观。只有这样,家庭才能真正成为孩子心灵的港湾,重新点燃孩子的内驱力。

对他那么好，为什么亲子关系还是不好

先来看一个案例。

小A出生于一个公务员家庭，父母工作稳定，一直注重对小A的培养。她在一岁零九个月时就被送入双语托管班，三岁开始学习芭蕾和画画，四岁开始参加速读和算术训练班，并参加各类比赛。她记忆中，自己每个周末都会被家人送去参加比赛和兴趣班。

父母对小A的学习也非常重视。在小学阶段，每当做作业时，妈妈都会坐在小A旁边，一边监督作业的完成情况，一边检查准确率。妈妈还会不断提醒她注意握笔姿势，保持专注，若有偷懒行为，便会遭到妈妈的训斥。爸爸也总是很严厉，他会故意从她的门口经过，查看她在房间中的活动。一旦被爸爸抓住任何小辫子，爸爸就会严厉地训斥她。小A与爸爸的关系非常紧张，他们之间经常发生冷战，最久的一次长达一年。

小学阶段，小A在各种才艺和学科知识上表现出色。但在她的回忆里，她每天都过得很不开心。

进入青春期后，小A与父母之间的冲突越来越频繁。小A总是试图逃避父母的监视和控制。每当父母提出要求或建议时，小A都会表现得非常不耐烦。星期日，小A想睡个懒觉，但是妈妈认为她如果白天睡太久，晚上会睡不着，第二天就会很难起床去学校，因此妈妈会不断地催她起床。但妈妈越催，小A越是要对着干，即使已经清醒了，她也不肯起床。随着时间的推移，妈妈越来越不知道怎么跟孩子沟通了，孩子心里想什么无从知晓。小A的学习状态一天不如一天，成绩逐渐下滑，一提学习就发脾气，除了玩手机、跟同学聊天，她对其他任何事都不感兴趣，每天没精打采的。

父母做了各种尝试和努力，希望小A能够回到以前乖孩子的状态，能够正视学习上所面对的挑战，愿意接受父母提供的指导和帮助，也期待小A能够听一听他们的心声，体谅一下他们的难处。可是，小A连沟通的机会也不给他们。

你是否觉得这个案例中的故事似曾相识？自从有了孩子，你全身心地为他创造优质的生活条件，吃穿住行尽全力给他提供最好的，只要有机会，就变着法儿地带孩子去游乐场、博物馆、科技馆体验游玩。尽管收入不高，你也铆足了劲儿送他去上好的幼儿园，从小开始培养他的各种才艺，从幼儿园开始进行文化课的学习和训练。你全心全意地去爱这个孩子，唯恐在抚养过程中有任何遗漏或疏忽，每一步你都在尽心尽力地做你认为对的事情。你很难理解孩子为何与你产生了如此巨大的隔阂，为何你们之间连最基本的对话也无法进行，为何你们成了最熟悉的陌生人……

在养育孩子的过程中，我们往往容易忽视一个事实：<u>物质的供给虽是必需，却非孩子成长中最核心的要素。真正关键的，是我们对待孩子的态度。</u>如果我们将孩子视为一个正在成长、需要关爱和呵护的生命，我们便会自然而然地关注他的需求，认真倾听他的声音，关心他的情感世界，无论是在他脆弱时还是快乐时。即使在物质条件有限的情况下，孩子也不会感到孤独，因为我们的关注和陪伴是他们最坚实的后盾。

然而，如果我们过于关注孩子的学习表现，我们的态度和行为就会截然不同。我们可能会在孩子学习停滞不前时，下意识地采取粗暴的方式，试图通过外在的刺激让他们继续前进。在这种情境下，我们忽视了孩子的情感需求，不在乎他们是否快乐或疲惫，只关心他们的"功能"是否正常运行。长此以往，孩子可能会感到自己被工具化，他们的情感需求被忽略，他们的快乐和悲伤无人问津。

设想一下，孩子回到家兴奋地跟你说："妈，我们学校又建了一栋大楼。"换来的却是一句："嗯，那你一定要好好学习啊，以后你就能买上自己的大楼了。"你让他怎么继续这个对话呢？孩子的兴奋和分享欲望会被无情地浇灭。随着时间的推移，孩子可能会逐渐失去与我们分享生活点滴的兴趣，他们与我们之间的沟通就会变得越来越少。孩子可能会觉得，无论他们说什么，我们都只关心学习，对他们的真实感受漠不关心，他们的情感永远得不到重视，需求永远得不到回应。长期下来，孩子的内心可能会变得越来越孤独，与我们的关系也越来越疏远。

我们必须认识到，孩子的心不是一夜之间变得冷漠的。他们的沉默和拒绝沟通，往往是情感需求被长期忽视的结果。因此，我们不能简单地将责任归咎于孩子，而应该反思自己的态度和行为。我们不能站在道德的制高点上要求孩子与我们沟通，而忽视了我们在建立这种沟通关系中的责任。这样的做法不仅无益，还可能会进一步加大亲子之间的隔阂。

亲子关系疏远之下，孩子的 8 种表现

表现 1：孩子倾向于独处，喜欢将自己关在房间里，除非必要，否则不愿与人交流。他们在与父母交谈时常常感到尴尬，对话往往迅速陷入僵局或引发争执。他们更倾向于独自待在房间里，而不是与家人进行互动。这可能是因为他们觉得在自己房间里更有安全感，或者他们害怕外界的评判和期望。

表现 2：孩子往往缺少亲密的朋友。家长可以通过观察孩子从小到大的社交情况，了解他们是否有真正的好朋友，以及他们与同学、邻居的关系如何。孩子在社交方面可能不太擅长，他们可能在与人交往时感到不自在，或者不知道如何建立和维持友谊。

一些家长可能会困惑，为什么孩子在学校难以交到朋友，这与亲子关系有关吗？观察那些人际关系不佳的孩子，我们会发现他们常常显得非常敏感。例如，当老师指派一个任务给 A 同学，而没有让自己去做时，孩子可能会认为老师不重视他，对他有意见，因此对老师怀有不满。再如，原本与自己关系要好的 B 同学突然交到一个新朋友，这会让孩子感到不安，他可能认为 B 不仗义，或者不想再和自己玩了，于是默默地疏远 B 同学，退出了这段关系。

深入探究，我们发现除了先天因素，亲子关系对高敏感性的影响也非常大。在家庭中，孩子渴望建立亲密关系，却又感到无能为力，父母似乎总是对自己有很多不满，因此他们被训练出了高敏感的性格特质。这不仅影响他们与家庭成员的关系，也造成了他们在学校人际关系方面的重大障碍。

表现 3：孩子通常话不多，不擅长表达自己。在情绪激动时，他们无法用言语准确表达自己的感受，往往只能通过发脾气来表达不满。这可能是因为他们缺乏有效的沟通技巧，或者他们的情绪管理能力尚有不足。

表现 4：孩子缺乏兴趣爱好，沉迷于电子产品，特别是游戏。这可能是因为他们没有机会探索自己的兴趣，或者他们的兴趣没有得到家长的支持和鼓励。

表现 5：孩子的情绪通常不高，缺乏这个年龄段应有的活力和热情，给人一种沉闷的感觉。随着年龄的增长，他们可能变得更加沉郁、孤僻。这可能是因为他们在生活中缺乏积极的刺激和激励，或者他们没有找到让自己感到快乐和满足的活动。

表现 6：孩子经常表示自己感到无聊。例如，当他们被告知不能玩手机时，他们会问："我不玩手机，还能做什么？你知道我有多无聊吗？"如果此时家长建议他们去写作业或学习，他们可能会生气。这种场景在孩子进入青春期后会越来越多。这可能是因为他们没有找到其他有趣的事情来做，或者他们觉得学习和其他活动无法满足他们的需求。

表现7：孩子有时会偷偷写日记或其他类似的东西，记录自己的感受，但不愿让家长知道。如果家长偷看日记，孩子会非常生气，甚至可能会用锁将日记本锁起来。这可能是因为他们需要一个私密的空间来表达自己的情感，而家长的侵犯可能会让他们感到不安全和不被尊重。

表现8：孩子喜欢发呆，做一些重复且无意义的事情，故意浪费时间。他们并非无意地浪费时间，而是故意让时间流逝，无所事事，眼睁睁地看着时间一点点过去。这可能是因为他们没有明确的目标和计划，或者他们觉得生活缺乏意义。

以上所述的8种表现，如果孩子符合其中任意两个，家长就应该意识到亲子关系已经出问题了，家长需要立刻着手修复、重建亲子关系，从而真正理解孩子的困惑、难处和挑战，只有这样才能更好地支持和引导他们走出困境。

第五章 拥有者型父母：以爱之名的教育陷阱

CHAPTER 5

在咨询对话中，我需要根据家长提供的信息和观点，迅速对现象背后的核心问题进行概念化。其中，家长的观点、主张、无奈、担忧都是重要的"蛛丝马迹"，可以带我们越来越接近真相。以下是我常听到的一些观点：

- "我想邀请孩子的班主任来家里好好谈谈。"
- "我们家制定了手机使用规则，但无论我们如何努力，孩子就是不遵守。"
- "孩子的爸爸就像传说中的'猪队友'，总是拖后腿，让人失望。"
- "孩子太自我了，我的话他根本听不进去，他似乎从未考虑过自己的未来。"
- "如果他不读书，我担心他的一生就毁了。"
- "我真的无法接受我的孩子不读书这个事实。"

这些家长的观点透露出的不仅是对孩子未来的深切期望，更是他们内心深处不可动摇的主观判断和对未来的精心规划。他们的目标清晰明确，计划详尽周密，每一步都经过深思熟虑。然而，当这份坚定变成了一种深信不疑，当这份周密变成了一种对控制的渴望，甚至开始主导与孩子沟通的每一个细节，他们可能没有意识到，自己已经悄然步入了一个潜在的误区。

这种过度控制的养育方式，如同一张无形的网，虽然初衷是保护，却可能成为孩子心灵自由的枷锁。它可能在不经意间，成为孩子对学习失去兴趣、对电子世界产生依赖，甚至在面对生活挑战时选择逃避的根源。

在孩子尚未显现出明显问题时，这些家长总是尽心尽力，不惜投入所有资源去培养孩子的学习能力，去激发孩子的艺术潜能。他们努力地塑造孩子，希望孩子能够成长为他们心目中的理想模样，同时不遗余力地去矫正孩子的思维，去规范孩子的行为，以确保孩子能够沿着他们设定的轨迹前进。

但是，当孩子开始显露出叛逆的迹象，当孩子开始对学习产生厌倦，当孩子选择了一种看似放弃的态度，家长的反应往往是加大控制的力度，或是改变策略，希望能够将孩子引回正轨。然而，这样的做法往往适得其反，孩子的叛逆情绪愈发强烈，家长也越来越感到孤立无援。

这些家长的内心深处，充满了对孩子未来的无限憧憬，他们渴望通过自己的引导和规划，为孩子铺设一条通往成功的康庄大道。然而，他们可能忽略了，每个孩子都是一个独立的个体，他们有着自己的思想、情感和梦想。过度的控制和规划，可能会让孩子感到压抑，甚至产生逆反心理。

在孩子成长的旅途中，家长的爱和支持无疑是最重要的帮助力量。然而，这种爱和支持，应当是建立在理解和尊重孩子个性的基础上，应当是给予孩子足够的自由和空间，让他们能够自主探索、犯错并从中学习。只有这样，孩子才能够在家长的引导下，找到属于自己的道路，勇敢地面对生活中的挑战，成长为一个独立、自信的个体。

拥有者型父母的行为特征

我将上述这类父母称为"拥有者型父母"。在我接触的案例中，约70%的厌学孩子背后都有这样一位家长。他们通常具有以下特征：

- 对孩子的成长进行细致规划，从才艺班的选择到各类竞赛的参与，一切都在他们的掌控之中。
- 对孩子有着严格的要求，无论是学习内容还是时间分配，都必须严格按照计划执行。
- 即使在休息时间，也不忘带孩子奔波于各种兴趣班之间，不畏严寒酷暑。
- 对孩子的社交圈有着明确要求，严格筛选孩子的社交对象。
- 从小培养孩子的竞争意识，强调在各个方面都要追求卓越。
- 在家庭中拥有绝对的话语权，不轻易给予其他家庭成员发言权或决策权。

这些家长给人的印象是：严厉、强势、目标明确、计划性强、执行力出色，且自带威严。

拥有者型父母的认知特征

那么，是什么心态和认知塑造了拥有者型父母的养育风格？他们常见的认知特征包括：

- 认为自己有权随时纠正孩子的错误。
- 必须确保孩子做出的每个选择都是正确的。
- 坚信孩子应该听从自己，自己做的一切都是为了他好。
- 不能接受孩子表现平庸，认为孩子应该努力追求卓越。
- 相信只要事情按照预期发展，孩子的状态就会有所改善。

这些家长看似坚定的态度背后，往往潜藏着一种深层的"安全感缺失"。

他们的生活似乎被恐惧和焦虑的阴影所笼罩，心中充满了对孩子未来道路的种种担忧。他们害怕孩子在人生道路上误入歧途，害怕孩子无法在未来的竞争中脱颖而出，害怕错过培养孩子的黄金时期，害怕生活的不确定性和潜在的危机。

在这种心态的驱使下，他们变得异常警觉和敏感，努力将孩子生活中的每个方面都纳入自己的掌控之中。他们制定严格的规则，设定明确的目标，监督孩子的一举一动，试图通过自己的智慧和力量，为孩子铺设一条光明的未来之路。当孩子的行为或选择出现偏离，当生活的变数超出了他们的预期和控制，这些家长往往会感到极度恐慌和不安，他们害怕失控带来的后果，害怕自己的付出和努力化为泡影。于是，他们更加用力地去控制，更加严格地去要求，甚至不惜采取极端的手段，以确保一切回归到自己所期望的轨道上来。

来访者李华，是一位职场上的女强人。她在公司以出色的业务能力和雷厉风行的工作作风独当一面，赢得了同行的尊重和赞誉。然而，李华的抱负并不局限于事业，她对孩子的教育同样有着极高的期待。

自从李华的孩子呱呱坠地，她就开始了精心规划。她不惜重金买下学区房，为孩子挑选了顶尖的幼儿园，并安排了各式各样的才艺课程，确保孩子在各方面都能出类拔萃。孩子上小学后，也顺利进入了最好的班级，并在班中担任班长一职。

开学的前一天，李华像一位将军做战前准备一样，为孩子准备了充足的学习资料。她买齐了所有能买到的语文和数学练习册，堆满了孩子的书桌。从那一刻起，孩子的生活就被无尽的试题填满。每天，孩子在完成学校作业后，还要额外完成练习册的内容。李华会认真地批改，孩子则默默地订正错误。从小学一年级开始,孩子的入睡时间就被推迟到了10点以后。

在李华的严格监督下,孩子的学习成绩一直名列前茅,这让她感到无比自豪。然而,随着孩子进入五年级,情况开始发生变化。孩子突然变得脾气暴躁,常常与李华顶嘴,做作业时也变得拖拖拉拉,明显缺乏学习动力。更让李华担忧的是,孩子越来越沉迷于手机游戏,似乎在那里找到了逃避现实的出口。

终于,有一天,孩子的情绪彻底爆发了。在一次激烈的争吵之后,孩子坚决地表示再也不愿去上学。李华感到震惊和无助,她不明白,为什么自己付出了这么多,却换来了这样的结果。她开始反思自己的教育方式,是否过于严苛,是否忽略了孩子内心真正的需求。

这个案例并不是个例,它反映了当代许多家庭的教育现状。家长在望子成龙、望女成凤的期待下,往往不自觉地给孩子施加了过多的压力,却忘记了每个孩子都是独立的个体,他们有自己的情感和想法。我们只有真正倾听孩子的心声,尊重他们的选择,给予他们足够的爱和自由,才能帮助他们健康成长,成为他们自己想成为的人。

拥有者型教育方式对孩子的影响

这种拥有者型教育方式培养出来的孩子,小时候可能非常乖巧、听话,但随着年龄的增长,尤其是在10岁左右,他们就会开始反抗,争取属于自己的权利。这些孩子通常具有以下特点:

○ 孩子对家长怀有深深的不满,他们的目光中满是对家长的抵触,似乎生活中的每一件事都能成为与家长对抗的战场。每当家长询问学习情况，孩子便情绪激动地反驳："要你管！出去！"若家长提及手机使用时间，孩子立刻变脸，仿佛手机成了他生命中不可分割的一部分。

○ 孩子的情绪极为不稳定，瞬息万变。前一秒还风平浪静，下一秒就可能风云突变。家长往往在不知情的情况下触碰了孩子的敏感神经，孩子的情绪就会激烈爆发。他会不顾一切地大喊大叫、摔东西，甚至对父母恶语相向。

○ 孩子坚决不认错，即使明显是他自己的行为导致了不良后果。比如，因为熬夜玩手机而上课打瞌睡，被老师发现后通知家长，孩子却拒不承认错误；早晨拖延导致上学迟到，家长提出意见时，孩子不但不接受，反而愤怒地反驳，态度傲慢且坚决。

○ 孩子在与家长争论时从不轻易放过，喜欢翻旧账。哪怕家长在大多数事情上做得无可挑剔，但只要犯了一个小错，孩子就会紧抓不放，频繁提起，仿佛家长的一次失误成了不可饶恕的罪行。不少孩子在日常生活中对家长的每一个小过失都过分挑剔，强迫家长向他们认错，给家长带来巨大的心理压力。

○ 孩子总是有各种看似合理的理由为自己的不当行为辩解。当家长强调学习的重要性时，孩子立即列举出一系列反驳的例子：顶尖大学的毕业生也可能从事平凡的工作，而一些教育程度不高的人却能通过网络平台获得巨大成功。他们用这些特例来否定家长的观点，声称时代已经改变，传统教育已不再适应现代社会的需求，大学一毕业就可能意味着失业。

○ 孩子对家长夸赞他人极为敏感，尤其是当家长将他们与同龄人比较时。哪怕家长只是稍稍表达了对其他孩子的赞赏，孩子也能迅速察觉并表现出强烈的敌意。比如，家长称赞班上某位同学的学习态度好，孩子立即反驳："你又不是他，你怎么知道他学习态度好？那都是做给你们看的，在家里说不定还不如我呢。"在这类事情上，孩子表现得异常敏感、不满，他们可能会用尖锐的言辞回击家长，甚至引发激烈的争吵，情绪长时间无法平复。

在拥有者型教育方式的笼罩下，孩子步入了青春期的门槛，他们的行为和态度也随之发生了显著的变化。曾经在家长眼中温顺听话的孩子，如今仿佛变了一个人，展现出前所未有的强势与叛逆。他们不再无条件地顺从父母，而是渴望主宰自己的命运。面对家长的管束和干涉，他们的反抗愈加激烈，每一次的冲突都如同一场激烈的交锋。

这种剧变背后的深层原因在于孩子自我意识的觉醒。青春期的他们开始深刻地认识到自己的独立性，渴望挣脱束缚，追求自我表达和自主权。他们借由反抗，试图向世界宣告自己的存在，寻求家长的理解和认可。这是一种对自我价值和地位的坚守，也是对成长过程中角色转变的探索。然而，这种转变并非一蹴而就，其间充满矛盾和挑战。家长面对孩子的叛逆，往往感到困惑和无助。他们发现自己的权威和控制力正受到前所未有的挑战，孩子的反抗似乎在不断地测试着他们的底线。

在本书的第八章中，我们将深入探讨拥有者型家长如何实现自我转型，以契合孩子成长的需求。我们将提供具体的策略和方法，帮助家长理解孩子青春期的心理变化，学会倾听孩子的声音，尊重他们的选择，支持他们成长。通过这种转型，家长能够与孩子构建起更加健康和谐的亲子关系，引导孩子在自我探索和成长的道路上稳步前行，最终帮助他们找到属于自己的人生方向，重拾学习的动力，勇敢地面对生活中的挑战。

第六章 学霸之困：优秀背后的心理崩塌

CHAPTER 6

厌学的孩子曾经是学霸

我在来访家庭中，发现一个令人惊讶的现象：很多厌学、"躺平摆烂"的孩子曾经都是学霸。他们在厌学之前都表现得非常优秀，是其他家长眼中的"别人家的孩子"。**但是，小学五年级、初中二年级和高中一年级这三个关键阶段成了这类孩子学业生涯的分水岭。**他们的成绩在这些阶段呈现出几乎难以逆转的下滑趋势。一段时间以后，孩子逐渐丧失信心，陷入严重的自我怀疑、沮丧，最终无可奈何之下选择破罐子破摔，甚至放弃学业。这类逐渐对学习感到无能为力的孩子往往有以下三种特征。

特征一：将自我否定挂在嘴上

过去，当你提到班上表现优异的A同学，建议孩子向A同学学习时，他会反驳说A同学只会死读书，其他方面都不如自己。那时，孩子总是与你争辩，对任何人都不屑一顾，仿佛自己无人能敌。你可能会认为他过于自负，因此不断告诫他"虚心使人进步，骄傲使人落后"，提醒他"人外有人，天外有天"。

如今，骄傲的态度已经不复存在。他常常会自我否定，并请求你不要再逼迫他，因为他认为自己无论如何都无法取得成功。他自认为是"朽木"，无法被塑造。看到他如此自暴自弃，你可能宁愿他像以前那样骄傲自大，至少那时他还充满活力。

其实，哪个少年不渴望活出骄傲的模样？青春期的孩子在激素的影响下，都想像孔雀一样展示自己，渴望自己出类拔萃，成为众人关注的焦点，获得他人的钦佩和喜爱。但现实往往并非如此。过去，即使成绩不佳，他嘴上也从未示弱，因为他内心清楚，自己并非不会学习，只是不愿意投入精力。他有信心，只要稍微努力，就能迎头赶上。这种自信和底气使他显得傲慢，今天看不起老师，明天看不起同学。但现在的情况截然不同了。当成绩开始下滑时，他最初是不愿意承认失败的，会拼命努力去弥补。那段时间你可能没有注意到，但他确实付出了努力。正是这段努力的经历，最终导致了他的彻底崩溃。因为努力之后，他意识到自己与目标之间的差距远比想象中要大，他发现自己并不像想象中那么优秀，可能根本不是学习的料。在那段短暂的挣扎期他越是努力，之后的放弃就越彻底。即使你试图帮助他，他也不再相信自己有变好的可能，不是不相信你，而是不再相信自己。他会认为任何努力都是徒劳的，不想再浪费金钱、时间了，他甚至会说："你们省点钱养老吧，我无法照顾你们了，你们自己要照顾好自己。"有些孩子甚至直接表示不想继续学习，想去工作。

特征二：明目张胆地"摆烂"

小时候，如果孩子背着你做了些你不允许的事情，比如玩手机，一旦被你发现，他会非常害怕和恐慌。哪怕你只是走近咳嗽一声，他也会极度紧张，竭力掩饰或急忙承认错误，表现得很内疚。

然而，现在的情况完全不同了。你不让他玩手机，他偏要玩，而且玩得很公开。即使被你发现，他也是一副毫不在意的样子；如果你责备他，他可能会比你还要生气；你随便说他几句，他可能会大发雷霆。孩子现在不认为自己有错，反而觉得自己有理，认为你批评他是你的不对。这种态度的转变源于他小时候的学习态度。当时，他面前有两条路：一条是做一个听话的孩子，认真学习；另一条是不听家长的话，偷偷地玩手机。当他无法抵抗诱惑时，他选择了后者。那时，他有羞愧感，知道自己做错了，所以你一出现，他的第一反应就是"我做错了，我要向父母承认错误，我不该这么做"。但现在，随着学习难度和强度的提升，他逐渐失去了应对的能力，觉得自己再也没办法好好投入学习了。因此，他面前只剩下一条路，那就是成为一个不听话的孩子，沉迷于手机和游戏。家长可能以为他玩游戏很开心，但实际上，每多玩一秒，他的内心就越发确信自己是个"废物"，这让他更加不开心。所以他玩游戏时常常处于一种极度亢奋的状态，大喊大叫，骂骂咧咧，因为他的内心已经快要崩溃了。他恨自己，恨自己的无能，恨自己没有选择的权利，恨自己已经失去了成为一个乖孩子的资格。他每天只能靠游戏来麻痹自己，所以这个时候他就像一个快要爆炸的气球，如果我们再去触碰他，这个球就会爆炸。

特征三：不再与你争执了

孩子曾经或许非常顺从，对你的话言听计从，表现得既懂事又上进；又或许，他曾经非常叛逆，总是与你唱反调，试图驳倒你的观点。但无论过去怎样，现在这个孩子已经不愿意与你争吵了。以前，如果你的话不合他意，他可能还会与你争辩几句，告诉你他的看法，要求你听从他的意见。当你试图管教他时，他可能会反驳你："为什么要听你的？你说的就一定是正确的吗？"然而，现在这样的情况越来越少。无论你说什么，他都只会说"可以""都对""都行"，然后请你离开。他表面上同意你的观点，但实际上对你的言行完全不予理会，他懒得与你争辩，表现得无精打采。如果孩子出现了这些现象，那么他很可能已陷入逃避现实的状态。当他自认为能力强大时，他的自我意识会非常强烈，会把你视作对手，因为他觉得自己有能力，而你没有听从他的意见,没有给予他主导权,所以他每天都要与你争吵。可一旦他觉得自己能力不足,他就会意识到真正限制他的不是你。你没有阻止他在学校取得好成绩,但他仍然无法取得成功,所以他觉得即使与你争辩赢了也无法改变他在学校是一个失败者的事实,他就此失去了斗志,不再想与你争夺那些所谓的权利。因此,孩子不再与你争吵,实际上并不是一件好事。愿意与你争吵,至少说明孩子还有自信,但现在连争辩都不愿意,那说明他对自己的能力彻底失望了,对未来也彻底绝望了。

孩子走向无能为力的三个阶段

孩子从学霸到放弃努力,并非一朝一夕的突变,而是会经历三个明显的阶段。

第一阶段:自信满满

在这个阶段,孩子宛如身处人生的高光时刻。他们在各个方面都表现出色,成绩优异,被老师委以重任,担任班干部,深受老师的认可;在同学眼中,他们拥有超越常人的能力。孩子也自我感觉良好,认为自己优秀、聪明,擅长学习,有时甚至会轻视那些成绩不如自己的同学。

这些孩子的卓越表现与父母的早期培养密切相关。他们的父母非常重视教育,坚信"不能让孩子输在起跑线上",从孩子出生起就精心制订并严格执行教育计划,从幼儿园开始,就注重培养孩子的各种才艺和综合能力。因此,在这个阶段,孩子对自己的能力充满信心。他们认为自己是个优秀的学生,学习对他们来说并非难事,只要按部就班,就能保持这样的成绩。

第二阶段:自我怀疑

第二阶段通常出现在小学五年级、初中二年级和高中一年级,也就是前面提到的关键转折点。

在这些关键时期，许多曾经的学霸会遇到学习上的挫折。他们可能会突然感到学习的难度增加，难以应对，老师讲解的内容变得难以理解，作业和考试中的难题越来越多，完成作业所需的时间也越来越长，成绩也出现了小幅下滑。

与此同时，父母对孩子的成绩下降感到焦虑，开始对孩子进行更严格的管控，不断加码学业要求。

在这一阶段，孩子开始感到焦虑和烦躁，对自己的能力产生怀疑。他们困惑于为何过去有效的学习方法现在无法再带来进步，是否是因为自己智力不足、方法不当，或是学习时间投入不够。尽管孩子在这个阶段开始产生自我怀疑，但他们并未放弃。他们开始努力寻找解决办法。

初二数学增加了几何内容后，小A的数学测试成绩一直不理想。在新开设的物理课上，他也没有优势。于是，他自己加强了对数学和物理的补习。但一个月过去了，成绩仍无起色。英语一直是小A的优势科目，他便开始在英语课上刷数学和物理题目。持续一段时间后，小A不仅数学和物理成绩未见提高，连英语成绩也开始下滑，他彻底不知道该怎么办了。

在第二阶段，孩子顶着焦虑和恐惧拼命努力扭转局面，但无论他们做什么，精力都难以集中。以前并不是特别难的科目，突然之间都变得困难了。孩子的焦虑越发严重，甚至出现了失眠、心慌、手抖等症状。之后，他们就进入了第三个阶段。

第三阶段：自我放弃

孩子在第二阶段时尝试了各种方法，进行了各种努力，但成绩仍旧无法提升。这导致他们彻底失去了信心,认为自己并非学习的料,过去的成功只是侥幸。他们认定无论怎样努力都无法恢复到以前的状态,也无法再次成为老师和同学眼中的优等生,糟糕的现状让父母感到失望,也让自己绝望,现实证明了自己并非学霸,而是一名"普通生"。对他们来说,这仿佛从天上跌落到了凡间,使他们的内心充满了痛苦、沮丧、愤怒、羞愧。

与此同时,手机和平板电脑成了他们转移注意力的良好替代品。他们在玩电子产品时,可以暂时忘却生活中的烦恼,可以把成绩、排名抛之脑后,也可以对父母的唠叨、批评置之不理。他们在电子产品上花的时间越来越多。在这个过程中,父母的失望、指责和批评越来越多,这加重了孩子内心的沮丧和愤怒。他会认为这个世界上没有人真的爱自己,褪去了学霸的光环后,自己什么价值都没有了。最终,孩子选择了放弃,既然无法重返巅峰,与其最终在班级中默默无闻,被老师、同学、父母嫌弃,不如主动彻底放弃。于是,他们开始不上学了。

回顾这三段历程,孩子从自信到怀疑,再到最终放弃。他们不是不努力,只是无法接受自己"不优秀"这个事实。他们从小到大秉持的价值体系和信念,走到第三阶段时,已经彻底崩塌了。

"学霸"变"无能"的原因

1. 内部原因

正如上文所述,在这类孩子的家庭中,家长对孩子的发展和教育极为重视,坚信"不能让孩子输在起跑线上",因此这些孩子在低年级阶段所表现出来的优秀,跟他们自己的天赋并没有太大的关系,更大程度上是因为父母的精准推动。

这些孩子大部分来自中产家庭，父母已经通过努力读书和工作在社会上取得了一定的成就。这些家长认为，一分耕耘一分收获，他们在力所能及的范围内为孩子提供最优的成长和教育环境，孩子也必须付出与之对等的努力，因此他们对孩子有较高的期望和要求。在十几年的养育过程中，这些家长的高标准、严要求已经逐渐内化为孩子对自己的期望和要求。许多"躺平"的学霸，他们面临的最大挑战是"无法接受自己不是学霸这个事实"，当学霸梦破灭时，他们的整个人生似乎也随之崩塌。

2. 外部原因

在当前的教育体系中，教学大纲的难度设计面向全体学生而非个体，这种普适性标准天然形成了分层机制。就像跨栏比赛，当栏高固定时，学生的"腿长"（即天赋基础与学习方法）决定了他们能否顺利跨越。这种差异本质上与努力程度无关——当孩子出现阶段性成绩滑坡时，往往正对应着大纲难度的跃升节点，此时决定成败的是客观能力而非主观意愿。

首先是小学五年级。这个阶段的语文和数学开始更强调逻辑性。如果孩子一直依赖死记硬背，没有养成逻辑思维和思考前因后果的习惯，那么此节点的挑战就可能难以逾越。

其次是初中二年级。在这个阶段，数学学科中增添的几何内容和物理学科的引入，标志着学习内容从具体走向抽象。如果孩子缺乏空间想象力和抽象思维能力，那么初二的难关同样难以克服。长期的挫败感会导致他们陷入自我怀疑，甚至情绪崩溃。正如我之前提到的小A，他原本是一个优秀的学生，但由于缺乏空间想象能力和抽象思维，最终在初二的难关前倒下。他努力过，但努力后的失败比直接的失败更令人痛苦，这严重动摇了小A的信心。随着课程难度的增加，小A开始用他英语课上的时间来补习数学和物理，但这种方法并没有带来任何改善，反而导致了全面的成绩下滑。

最后是高中一年级，高中的学习强度和难度远超初中和小学。如果孩子的学习能力不足以跟上高中的学习节奏，他们就会陷入困境。高中不会像初中那样给予学生足够的时间来记忆和消化知识，因此许多在初中表现不错的孩子，一旦进入高中就会跟不上节奏。这同样不是态度问题，而是能力和方法的问题。

家长所看到的所谓态度问题，实际上是孩子在情绪崩溃后自暴自弃的表现。如果孩子曾经成绩优秀，现在厌学、"躺平摆烂"了，家长可以对照本章讲述的三个阶段和两个原因，分析一下自己的孩子是在哪个阶段遇到了困难，导致了现在的局面。"理解"是解决问题的第一步，如果您能够理解孩子的痛苦和绝望，现在就去抱抱他吧！

第七章 情绪障碍：别把抑郁当叛逆

CHAPTER 7

孩子厌学、沉迷电子产品或拒绝上学等表现，通常会被家长归咎于懒惰、不求上进，或是品格和习惯问题。我们往往忽视了一个潜在的风险：孩子可能存在情绪障碍等心理健康方面的困扰。

中国科学院心理研究所发布的《中国国民心理健康发展报告（2019~2020）》中指出，2020年，我国青少年抑郁检出率为24.6%，其中，轻度抑郁检出率为17.2%，高出2009年0.4个百分点，重度抑郁检出率为7.4%。此外，由人民日报健康客户端、健康时报、抑郁研究所等联合发布的《2022国民抑郁症蓝皮书》，强调了抑郁症发病群体呈年轻化趋势，指出青少年抑郁症患病率已达15%~20%。

这一报告指出，对青少年患者而言，父母是其就医前极为关键的一环，我们能否及时察觉孩子的异动，并给予有效的引导，在很大程度上影响着孩子的病情走向。但许多家长由于缺乏相关知识，只看到孩子的行为表现，看不到背后的情绪因素，把问题简单定性为不爱学习、青春期叛逆或者意志力薄弱。

我曾接待过一个家庭，父母带着他们上高中的女儿来到我的咨询室，希望我能说服她重返校园。初见这个女孩，我就注意到她的眼神有些游离，透着一丝异于常人的恍惚。

女孩告诉我,她经常听到有人在耳边骂她,这些声音持续不断、如影随形,让她无法集中精力学习和生活。有时她甚至感觉周围的人对她怀有敌意,甚至有人想要伤害她。她已经忍受这种情况三年了。

根据女孩及其家人提供的信息,我初步推测她可能患有双相情感障碍,甚至可能是精神分裂症。但孩子的父母一直以为她只是在胡思乱想,找借口逃避学习。他们一直试图说服她,却从没想过带她去医院接受检查或治疗。这样的家庭不在少数,他们对青少年的心理健康问题和情绪障碍缺乏基本的认识,以至于常常错过了最佳的干预和治疗时机。

在本章节中,我们将探讨青少年常见的情绪障碍。我并非精神科医生,所提供的内容只能作为最基本的科普。我希望能用通俗易懂的语言,分享我十多年来积累的知识和经验,帮助读者建立基本的认知。

这无疑是一种冒险的行为,因为无论是我还是读者,都不是经过专业训练的精神科医生,我们无法对情绪障碍做出最终诊断。但我仍然愿意冒险分享这些浅显的知识,因为如果公众能够对常见的情绪障碍和精神健康问题有所了解,就有可能避免因无知而酿成无法挽回的悲剧。

青少年常见情绪障碍

青少年常见情绪障碍包括:抑郁症、焦虑症、双相情感障碍等。本小节将对这三种常见情绪障碍的特点和表现进行详述。

（一）抑郁症

1. 定义

抑郁症是一种复杂且普遍的情绪障碍，其本质远超暂时性的情绪低落或悲伤。它以持续的悲伤情绪、兴趣或愉悦感显著丧失为核心特征，同时伴随着认知、情感和躯体层面的多种症状。这种状态通常持续至少两周，有时可延续数月乃至数年，严重干扰患者的日常生活功能和生活质量。

从病理学角度看，抑郁症涉及大脑中多种神经递质系统的功能失调，特别是血清素、去甲肾上腺素和多巴胺等。这不仅仅是一种情绪反应，而是一种影响整个身心的系统性疾病。患者常体验到的不仅是内心的痛苦，还包括明显的认知变化（如注意力、记忆力和决策能力下降）和生理变化（如睡眠障碍、能量水平降低和食欲改变）。

抑郁症是可治疗的疾病，但由于其症状常被误解为性格弱点或暂时性情绪问题，许多患者未能获得及时有效的诊断和治疗。实际上，抑郁症的发病与个人意志力无关，是多种生物学、心理学和社会环境因素复杂相互作用的结果。理解这一点对减轻社会污名、促进患者寻求专业帮助至关重要。

2. 主要特征

（1）情绪持续低落

这里的关键词是"持续"。如果情绪只是短暂或间歇性低落，比如今天情绪不佳，明天又好了，后天又低落，这种情况可能并不是抑郁症，或者尚未达到抑郁症的程度，可能是抑郁情绪或抑郁状态，但是否构成抑郁症还需进一步评估。抑郁症患者的情绪通常持续低落，同时他们的活力和兴趣也持续减少。

我经常遇到一些孩子，尤其是女孩，在家里面对父母时，一副死气沉沉的样子，整天闷闷不乐，甚至总是哭泣；但是只要听说哪里有动漫展、演唱会等，马上像充足了电，兴致勃勃地准备服装、道具、化妆。只要离开了家，他们整个就像变了一个人，活力四射。这类孩子当中很多人并不是患有抑郁症，只是单纯与父母的亲子关系出了问题，或者患有双相情感障碍。

（2）身体功能持续减退

许多患有抑郁症的人能体会到，在患病期间自己的身体功能也处于低下状态，无论是体力还是动力都不足，整个人都显得缺乏活力。

患有抑郁症的孩子，如果能坚持上学，通常会表现出容易疲惫、缺乏动力、早起困难。他们在校期间，可能很多时间在睡觉。如果已经不上学了，他们可能把自己关在房间里，躺在床上不起来，每天只吃一顿饭，尽量避免出房门。无论父母邀请他们参与什么活动，他们都没有兴趣。

（3）与外界的联系持续减少

抑郁症患者与外界联系减少的原因多种多样：有些人可能因为缺乏自信或自卑而不愿社交，有些人可能存在社交障碍，还有些人可能觉得别人不理解自己，或找不到有共同话题的人……这类青少年一旦"躺平"在家，就可能会切断与外界的所有联系，甚至包括曾经的好朋友。

（4）对自身感受变得麻木

这种状态也可被称为"与自身感受的脱节"。比如，有些人可能对周遭发生的一切都无动于衷，既感受不到快乐，也察觉不到低落，对自己的情绪毫无感知，这就是一种麻木状态。

（5）积极事件难以持续改善低落状态

患者可能会因为某件事短暂地感到高兴，但很快又会回到低落状态，抑郁情绪很难通过外界的积极事件来持久改善。

3. 区分"抑郁症"和"抑郁情绪"

区分两者的关键在于情绪持续的时间。如果这种沮丧的情绪只是短暂存在,比如持续了一会儿或几小时,随后因为某件愉快的事情而心情好转,那么这显然不是抑郁症。或者,如果因为某个重大事件而情绪低落,持续了几天,但之后情绪得到调整,这种情况也可能不是真正的抑郁症。通常情况下,几天、一周,甚至两周内的情绪低落都属于正常的情绪波动。然而,一旦情绪低落持续超过两周,就应该引起关注。因为抑郁症的诊断标准之一就是情绪低落必须持续"两周"以上,这是诊断抑郁症的基本条件和前提。

4. 致病原因

(1) 遗传因素

遗传因素就是人体某种或多种基因让这个人更容易患抑郁症。目前研究发现,与抑郁症相关的基因有200多种。如果家族三代以内有亲人患有精神类疾病,孩子就有可能携带这类易感基因,那么他患抑郁症的可能性会更高。请注意这里说的是"易感",并不是"绝对"。因为遗传因素往往要在社会环境因素的刺激下才会引发疾病。甚至有的人即便有遗传因素,也受到了社会环境因素的刺激,也不一定会发病,这并不是绝对的。

(2) 环境刺激

遭受痛苦、挫折、创伤比较多的孩子,更容易患抑郁症,例如经历考试失败、亲人离世、失恋或遭受欺凌等。

(3) 内在思维模式

有负性思维模式的孩子更容易患抑郁症,他们习惯用消极的眼光看待所发生的事情,容易产生自罪自责的观念。出生在什么样的家庭,有什么样的父母,父母采用何种教养方式,在成长过程中经历过什么,遭遇过哪些重大生活事件,就读什么样的学校,遇到什么样的老师、同学和朋友……这些都会间接塑造一个人的内在思维模式。

5. 治疗方案

通常情况下，只有当抑郁症达到中度以上，才推荐药物治疗，对于轻度抑郁症则建议心理治疗。有些家长希望孩子尽快好起来，因此选择通过药物迅速改善其情绪。但如果未达到用药标准而盲目用药，药物效果可能并不理想，未必能有效改善症状，反而可能带来很多副作用，如头晕、嗜睡、乏力等。

对于中度及以上的抑郁症患者，其抑郁症状往往无法单靠自我调节和心理治疗来解决，不服用药物病情可能会加重。同时，需要明确的是，大多数抗抑郁药物并无成瘾性，有些患者可以在医生指导下停药。

（二）焦虑症

1. 定义

焦虑症以焦虑情绪体验为主要特征，主要表现为无明确客观对象的过度紧张、担心、坐立不安，伴随自主神经功能失调症状，如心悸、手抖、出汗、尿频、耳鸣等。

其中，"无明确客观对象"是指担心或者紧张没有明确的对象。例如：患者感到很担心、焦虑、紧张，但不知道为什么；或者焦虑的对象不断变换，今天为这件事情担心，明天为另一件事情担心，后天再为其他事情担心，对象是不固定的。

2. 主要特征

焦虑的程度与情景不相符，显得过度反应。一般人都会在某些情况下感到紧张、焦虑、担忧，但是焦虑症患者的这种情绪程度远超常人。主要表现在发生频率高、严重程度深，以及对自主神经功能造成损伤。自主神经功能紊乱的症状包括：心悸、心慌、手抖、出汗、尿频、耳鸣，也有可能头痛，这些都是焦虑症的外在表现。

不同患者症状表现各异，有的会表现为消化系统症状，如腹泻、肚子疼；有的表现为皮肤问题，如长痘；还有的表现为头部相关症状，如头痛。

持续时间比较长。在医学诊断中，焦虑症状至少需持续一个月。其中的广泛性焦虑症，又称慢性焦虑，一般要持续半年以上才能确诊。

青少年常见的焦虑有：社交焦虑，如特别担心在学校中与同学、老师相处；考试焦虑，如一想到考试，就产生诸多担忧，难以从容应对。惊恐发作是一种比较典型的急性焦虑发作。在发作过程中，患者可能会出现非常严重的心慌、气急、胸闷，身体可能会僵住，会全身发抖、出汗，思维停止运转，甚至产生一种濒死感。惊恐发作一般持续时间不超过半小时，随后会自行缓解。

3. 治疗方案

焦虑症的治疗方案与抑郁症的治疗方案类似。对于中度以下的焦虑，心理治疗通常能取得显著的效果。对于中度以上的焦虑，建议采取药物治疗结合心理治疗。

（三）双相情感障碍

1. 定义

双相情感障碍俗称"躁郁症"，是一种既有抑郁发作，又有躁狂或轻躁狂发作的一种心境障碍，抑郁和躁狂交替出现。

2. 主要特征

双相情感障碍患者在抑郁期的症状表现与抑郁症基本一致，我们这里主要讲一下其在躁狂期的症状表现。在躁狂期，患者会体验到与抑郁完全相反的情绪高涨。他们的思维活跃且跳跃，脑海中会涌现出大量想法，并且这些想法频繁变换；语言表达速度加快，可能会让人感到压力。他们可能会连续不断地谈论不同的话题，不给别人插话的机会，有时还会提出一些出人意料的创意。

自我评价异常高。与平时相比，躁狂期的患者自我评价会显著提高。躁狂期过后，患者回顾这段时间的表现时，可能会惊讶于自己当时的高自我评价，与平时的害羞和自卑形成鲜明对比。

行为上表现出无法自控，总是想要行动，且行为可能是冲动和鲁莽的。例如，患者可能会不计后果地购买昂贵物品，或者有过度自信的想法，如一天读完一本书，一周写完一本书，一个月掌握一门语言，甚至认为自己能够创立公司成为老板。

由于脑海中不断涌现出想法和行动，患者会觉得自己不需要太多睡眠，可能每晚只睡两三个小时，甚至整夜不眠，但仍然感到极度兴奋。

发作期的患者容易被激怒，脾气暴躁，可能因为一点小事就与人发生争执，有时甚至可能演变成肢体冲突。

部分患者可能会出现精神症状，如幻觉和妄想。但这些症状与精神分裂症不同，后者通常是脱离现实、不合逻辑的，而躁狂期患者的幻觉和妄想往往与他们的躁狂特征相吻合。例如，他们可能认为自己非常出色，或者感觉有人在跟踪、偷拍自己，以寻求接触或签名，觉得自己受到广泛关注和欢迎。有些患者甚至可能幻想自己是天才、明星、作家或某个领域的权威人物，因此受到公众的关注和追捧。

3. 致病原因

（1）遗传因素

双相情感障碍往往与遗传有关，这种遗传倾向可能比单相抑郁症更为显著。如果家族中三代以内有人患有双相情感障碍，那么后代遗传这种障碍的风险相对较高。尽管如此,我们仍需以平和的心态来对待这一问题。

(2)药物使用

某些抗抑郁药物在使用较高剂量时,可能会引发躁狂症状。因此,在使用抗抑郁药物的过程中,医生需要密切关注患者的反应,根据实际情况调整药物剂量或更换药物,以避免药物引发的不良后果。

(3)生理因素

甲状腺功能亢进可能会导致类似躁狂的症状。因此,如果怀疑或诊断出双相情感障碍时,医生会建议患者进行甲状腺功能检查,从而为准确诊断和治疗提供依据。

4. 治疗方案

鉴于双相情感障碍的病理性质较为复杂且严重,治疗主要以药物治疗为核心,心理治疗作为补充,且应尽早启动药物治疗。但是许多患者在躁狂期间精力充沛,自我感觉良好,缺乏自我认知,认为自己完全正常,没有任何问题,因此不愿意接受药物治疗。往往只有导致不良后果后,他们才意识到自己需要寻求医疗帮助。

很多双相情感障碍患者会被误诊为抑郁症,因为家长带患者去医院就诊时,患者通常处于抑郁期。双相情感障碍处于抑郁期时的表现与单纯的抑郁症极为相似,很容易造成误诊。在此也提醒家长,如果根据以上症状简述,怀疑孩子患有双相情感障碍,在就诊时一定要向医生提供全面的信息。

怀疑孩子有情绪障碍,家长应该怎么做

孩子在成长过程中遭遇情绪障碍和心理疾病时,家长的角色尤为重要。此时的孩子如同陷入淤泥无法自拔,需要依赖家长的认知、经验、资源和能

力来寻求帮助。因此,家长如何行动和选择直接关系到孩子能否获得恰当的治疗和引导。

(一)常见的应对误区

1. 忽视问题

许多家长并不认为情绪障碍或心理疾病是病,他们简单地认为孩子只是想得太多,孩子只需想开一些、坚强一些,就能够解决这些问题。然而,这种错误的处理方式可能导致孩子陷入孤立无援的境地,进而使他们的情绪问题不断被压抑,长期以往可能会引发更加严重的心理问题。

2. 病耻感过重

许多家长将孩子的心理障碍或问题错误地等同于"精神病",担心一旦孩子被贴上这样的标签,他们就会被当作蓬头垢面、满大街乱窜的失常之人。抱持这样的观念,家长往往选择逃避、忽视问题,甚至强迫孩子以一种不健康的方式"变坚强"。这种处理方式也可能导致孩子产生更严重的心理问题。

3. 过度或不恰当治疗

在我接触的家庭案例中,部分孩子在最初就医时,获得的诊断和接受的治疗方法并不恰当。一些医生诊断过于仓促,未能全面了解孩子的情况就匆忙下结论,采取的治疗手段也不尽合理。

我曾经帮助过一个孩子,他在初二时,怀疑自己患有抑郁症,让妈妈带自己去医院检查,结果被诊断为中度抑郁症,并被安排住院治疗三个月。住院期间,孩子不受限制地使用手机,导致他沉迷电子产品的问题更加严重。同时,他还结识了一群跟他一样厌学的朋友。他们之间相互交流如何对付父母,以实现各种目的。出院后,孩子变得更加任性了。之后,孩子妈妈找到我。通过与孩子深入探讨过往经历，我发现孩子根本没有发展成为抑郁症，他只是在网上看到很多孩子为了不上学假装抑郁，于是在医院填写量表时，刻意勾选了较严重的选项。

医生的诊断很大程度上依赖于孩子的量表结果。如果遇到经验丰富、负责的医生，他们可能会发现量表结果与实际情况不符；但如果碰到一个经验不足或不负责的医生仅根据量表结果做出诊断的话，那就很危险了。

青少年在填写量表时，主观因素影响很大，量表结果只能作为参考，不能作为诊断的主要依据。例如，如果一个孩子在就诊前刚与母亲发生了激烈争吵，那么他在填写量表时，内心可能充满愤怒和失望，选择的答案就可能与正常情况下不同。

另外，医生误诊还有一个现实原因。国内一线城市中的三甲医院精神科、神经内科、心理科，以及各地精神卫生中心，每天都人满为患，知名专家号更是一号难求。医生每天要在有限的时间内看完几十甚至上百个病人，平均每位患者的就诊时间通常只有十几分钟。这里要说明，我并非质疑医生和医院的专业性，面对"僧多粥少"的现状，医生也实属无奈。

由于面诊时间有限，医生可能无法全面了解真实情况，加上量表结果可能不可靠，误诊的可能性是不小的。在这种情况下，家长应如何做出抉择呢？

我的建议是，如果家长怀疑孩子有情绪障碍或心理疾病，首先可以寻求经验丰富的心理咨询师进行初步筛查。因为心理咨询师通常有较为充裕的时间了解来访者，在首次咨询中，咨询师能够全面且深入地了解孩子的情绪状态，然后根据自己的专业知识和经验做出初步判断。如果初步判断孩子存在中度及以上的心理障碍，或者情况难以确定时，咨询师会建议患者家庭寻求精神科医生的进一步诊断。

在此特别提醒家长，一定要找经验丰富、可靠的心理咨询师。自从2017年国家人力资源和社会保障部取消了国家二、三级心理咨询师认证之后，各机构举办的认证及培训如雨后春笋般出现，心理咨询师的学习和认证逐渐产业化。因此，家长需要擦亮眼睛。

（二）常见的用药误区

在情绪障碍、精神类疾病治疗中，家长还存在一些常见的用药误区。

1. 拒绝用药

在医院开药后，一些家长经过深思熟虑，担心药物对孩子的脑部发育造成影响或产生药物依赖，担心孩子需终身服药，最终选择不给孩子服药。

虽然精神药物确实可能对青少年的大脑产生一定影响，但是，与孩子所面临的情绪障碍、精神疾病所带来的身心痛苦和危害相比，药物的影响更小。我的建议是"两害相较取其轻"，如果医生明确表示孩子需要接受药物治疗，那么选择让孩子服药更为妥当。

而且，如今药物的研发与品质已取得显著进步，每种药物在正式推向市场之前，都历经了严格规范的临床试验，尽管存在一些负面影响，但其程度也在可控范围之内，并不严重。

2. 擅自停药

一些家长在孩子服药一段时间后，发现其症状有所减轻，便私自停药，不遵医嘱。这样做可能导致复发的风险增加，而且每次复发都会进一步提高该情绪障碍伴随孩子终身的可能性，因此，家长不应随意停药。

精神药物的使用必须遵循医嘱和疗程，服药期间需要按时定期复查。通常，一个月需要复查一次。患者有任何副作用或无任何改善等情况，都需要详细、全面地向医生反馈。

一般而言，精神药物或多或少都会产生一些副作用。例如嗜睡、头晕、眼花、手抖等。如果副作用在患者的可承受范围之内，建议继续坚持服药。如果副作用超过了患者的可承受范围，患者需要尽快复诊，请求医生换药。目前治疗各类情绪障碍的药物种类丰富，有多种选择。

面对孩子的情绪障碍和心理疾病，家长的态度和行动至关重要。在这个艰难时期，家长是孩子的引路人，这一角色无人能替代。在这段充满挑战的旅程中，家长需要展现出耐心、理解和支持，为孩子提供一个安全和温暖的环境。同时，家长积极寻求专业帮助和科学的治疗方法，对于孩子的康复进程同样不可或缺。在这个过程中，家长的每一个决定都可能对孩子的未来产生深远影响。因此，家长应当以开放的心态去学习、去理解，用科学的方式和满满的爱陪伴孩子渡过难关。请相信，阴霾终将散去，希望的曙光就在前方！

破局行动

从"对抗"到"同频"的系统重建

第八章 父母角色：从拥有者到成长陪伴者

CHAPTER 8

每到作业时间，孩子就开始拖拖拉拉，一会儿抠抠鼻子，一会儿挠挠脚丫，甚至会以查题为由偷偷玩手机。明明1小时能做完的作业，他非要拖到3小时。你每天都被作业这件事情惹得大发脾气，每天都要不停地催促。似乎不催促他，作业就永远也完成不了。

到了周末，你牺牲休息和娱乐时间给孩子补习功课，你花费了大量精力和大把时间，但是孩子的成绩依然毫无起色。

孩子的房间永远那么乱。对于规则，他视若无睹，随意摆放物品，乱扔垃圾，有时候你走进他的房间，连脚都无处可放，用"狗窝"来形容再恰当不过了。你是个讲究卫生的人，实在想不明白孩子怎么如此邋遢。

在电子产品的使用方面，你已经和孩子定下诸多规则，但孩子屡屡打破，你感到束手无策。你学过不少亲子课程，但老师所教的方法在你的家庭中似乎完全无效。每天，你的家中都会上演一场又一场的冲突，主题永远是学习、电子产品的使用，以及生活习惯。这些冲突让你越来越焦虑和无措，孩子的脾气也越来越暴躁。

你已经记不起上次与丈夫讨论不涉及孩子的话题是什么时候了。似乎你们之间唯一的话题就是孩子。尽管你们与孩子有互动和沟通，但你仍然感觉自己像是在孤军奋战，承受着巨大压力，而丈夫无法给予任何帮助。

在这种无休止的操劳中，你整日处于精疲力尽、焦灼、迷茫、失望、恐惧的状态当中。为什么养孩子这么累？为什么引导孩子从幼稚走向成熟的过程，会让人如此沮丧无力？为什么你想让孩子往东，他却偏偏要往西？明明古话说，一分耕耘一分收获，但为什么你努力耕耘却颗粒无收？为什么学了那么多亲子课程，在面对孩子的各种状况时，你仍然束手无策？

在十余年的家庭教育和心理咨询实践中，我接触到了无数疲惫不堪的父母，他们经常向我寻求解决各种问题的有效策略。然而，他们真正需要的是一幅完整的育儿蓝图。如果你不满足于仅仅寻找应对策略，而是希望享受育儿的过程，那么简单的方法和技巧是不够的，你需要从根本上思考：

○ 作为父母，我们真正的目标和任务是什么？
○ 我们的角色应该是怎样的？
○ 我们的幸福感和满足感应该源自何处？

只有这样，你才能找到真正有效的育儿之道。许多父母可能并不具备这种宏观的视角，他们常常依据一些根深蒂固的观念来做决策。但如果我们的目标、任务、角色和人生方向从一开始就是错误的，那么无论我们做什么都可能是徒劳的。

你是"拥有者"吗

一幅完整的育儿蓝图始于父母对自己的重新认识。这里所说的重新认识，不是指掌握你的姓名、住址或身份证号码，而是说你需要理解自己的本质、生活的目的以及人生的真正方向和目标。如果在这些问题上缺乏正确的认识，你的方向可能会偏离，你的努力可能会浪费在错误的事情上。

孩子在成长过程中出现的品格、行为问题，往往与父母角色的错位和家庭功能的失调有关，这通常源于父母将自己视为孩子拥有者的观念。

尽管很少有父母会公开承认这一点，但这种观念经常在不经意间影响他们的行为。持有这种观念的父母可能会认为——孩子是我的，我可以按照我认为适合的方式教育他们。他们把孩子视为自己的财产，并不断做出短视和自大的决策，这些行为对孩子的长期发展并无益处。

父母以拥有者自居，表面上看并不显得自私，也不是那种随意打骂孩子的暴君；然而，这种拥有者的心态会使父母的教育动机产生微妙的偏差，使他们在引导孩子成长的过程中偏离正确的方向。这些偏差之所以微妙，是因为它们频繁发生在家庭日常生活的琐碎瞬间，尽管这些瞬间看似微不足道，却具有深远的影响。在育儿过程中，需要我们全力以赴的时刻并不多见。大多数时候，父母是在不经意间对孩子产生深远影响的，在日复一日的生活循环中，正是这些不经意的瞬间塑造了孩子的性格。

如果父母总是想着给孩子什么，以及从孩子那里得到什么，他们就扮演了拥有者的角色。拥有者的动机通常包含两个方面：期望孩子成为什么样的人，以及期待孩子带来什么样的回报。

虽然这种期望看起来合理且无害，甚至可能带来一些积极的效果，但从根本上说，它是以父母为中心的教育，背离了"每个人都是独立的个体"这一根本事实。我们来详细讲讲，拥有者型父母是如何看待"父母"这个角色的。

1. 身份

拥有者型父母往往会期望通过孩子来实现自己的身份认同、生活意义、人生目标和自我肯定。孩子因而背负着沉重的包袱，因为父母期望通过他们来获取自我价值感。但必须指出，每个人都是独立的个体，都拥有独特的性格、梦想和喜好，如果父母试图在孩子身上寻找自我价值，那么育儿将成为一项极其悲哀的任务。孩子天生具有反抗权威的倾向，不愿意完全遵从父母的引导，年幼时他们可能因害怕惩罚而表现得顺从，但随着年龄的增长，他们越来越渴望按照自己的意愿行事。那些试图通过孩子来确认自己身份的父母，会将孩子的失败视为自己的失败，将孩子的错误视为对自己的冒犯，因此常常带着受伤的情绪回应孩子。这个过程注定充满痛苦，结局可能是悲剧性的。

2. 职责

拥有者型父母往往认为，他们的职责在于将孩子培养成才。他们对孩子抱有高期望，希望孩子能够成长为他们心目中的理想形象。在他们看来，父母的工作就是动用自身的权威、时间、财力和能力去雕琢孩子，使之契合自己的理想模型。在我所辅导的众多孩子中，不乏被父母的高期望所压垮的孩子，他们的父母不断地对他们提出具体的要求，不断地为他们做出选择。这种类型的父母坚信，他们拥有足够的能力和资源，能够将孩子塑造成他们所期望的模样。其中，多位妈妈告诉我"孩子就是我一生的事业"。

3. 成功

拥有者型父母渴望在"父母英雄榜"上留名，被孩子誉为成功的父母。仿佛孩子的学术成绩、体育素养、音乐才能和社交能力都能被量化，通过某种衡量标准来展示父母的成就水平。这种做法本身并不是问题，但如果用这种简化、片面的评价体系来衡量父母育儿是否成功，未免过于单薄了。杰出的父母并不一定能培养出杰出的孩子，父母需要持续反思，究竟该用什么样的标准来评价孩子是否出色。许多优秀的父母可能长期处于挫败中，因为他们的孩子并没有按照他们期望的方式成长，没有成为那些衡量标准之下的杰出者。

4. 名声

拥有者型父母会将孩子视为自己的荣誉象征。他们盼望自己的孩子能像凯旋者一样受到人们的赞誉。正因如此，当孩子在成长过程中遇到问题时，这些父母会感到极度焦虑和痛苦，他们更担心的不是孩子本身的问题，而是外界对他们父母身份的负面评价。这种家庭中的孩子承受着双重压力：一方面是要为父母赢得荣誉，另一方面是要忍受父母因失望而产生的尖锐批评。这些父母对孩子感到失望和愤怒，可能并不是因为孩子违反了道德规范，而是因为孩子的行为让他们感到丢脸。

拥有者型父母对孩子的影响

拥有者型父母常常不自觉地将个人的梦想、计划和评价标准强加于孩子，长此以往会在孩子身上催生一系列问题。

1. 叛逆

孩子进入青春期后，可能会表现出极端的叛逆行为，他们会反感父母提出的任何建议、指令和要求。即使孩子心里知道父母的要求是正确的，他们也可能试图通过"对着干"的行为来寻求自我认同和独立性。这种叛逆可能渗透到孩子生活的方方面面，例如：拒绝学习，拒绝参与家庭活动，拒绝遵守电子产品使用规则。

2. 迷茫

孩子可能根本不清楚自己的兴趣和目标，因为他们一直在被迫努力达成父母设定的目标，而忽视了自我探索。这种迷茫可能导致孩子在成长过程中缺乏方向感和主动思考的能力，他们可能会发出疑问："活着到底是为了什么？"

3. 失去内驱力

当孩子习惯于为迎合父母而行动，他们可能会逐渐丧失自我激励的能力，只能依赖外部压力和奖惩来推动自己。进入青春期后，他们会开始质疑甚至厌烦长期以来的这套外驱模式，因为他们不认同父母的期待和要求，所以这些曾经奏效的外驱模式会很快失去功效。

4. 自我放弃

孩子会认为自己长期生活在父母的期望和控制之下，没有机会按照自己喜欢的方式去生活。如果经历了一连串的挫折和失败，他们会认为自己即使努力了，也无法达到父母的高标准，从而失去继续努力的动力，对学习和生活采取消极态度。他们可能不再追求卓越，甚至开始"躺平摆烂"。

父母身份的重新确立

拥有者型父母不仅会给孩子带来不良影响，还可能让整个家庭陷入阴霾。那么，父母如何摆脱这种模式，重新确立自己的身份呢？

1. 承认孩子是独立的个体

父母需要认识到，孩子不是自己的附属品，他们不是为了实现父母的梦想而来到这个世上的。每个孩子都是独一无二的存在，具有独立的思想和情感，他们有自己的兴趣、梦想和人生路径。父母应该尊重孩子的选择，支持他们去探索和挖掘自己的潜力。这意味着父母需要放下自己的期望，让孩子成为他们想成为的人，而不是父母想要他们成为的人。在这个过程中，父母可以通过开放式对话，了解孩子的想法和观点，然后提供建议和支持，而不是强迫孩子接受自己的意见。

2. 承认自己的局限性

父母要坦然承认自己并非无所不能，每个人的知识和能力都存在边界，自己设定的目标、计划和策略并不总是正确的。

我接触过许多身为教师的家长，他们往往出于职业习惯，认为自己拥有非常完善的教育方法。例如，他们要求孩子从小养成课前预习、课后复习的习惯，当孩子在练习和考试中出错了，他们就要求孩子必须将错题举一反三，扎实掌握相关知识点。然而，正是这些对学习习惯的执着要求，导致父母与孩子之间频繁爆发激烈的冲突。这些家长找到我，询问我该如何是好。

在了解了全部情况之后，我通常会请他们尝试一种新的模式：取消课前预习、课后复习，错题也不再要求举一反三。然后观察孩子到底会糟糕到什么程度。这个过程通常不轻松，因为在他们的认知中，这些学习方法都是有效的、科学的。但迫于无奈，他们还是接受了我的建议。尝试之后，他们往往会发现孩子的情绪变好了，亲子关系更加和谐，孩子的成绩也没有如他们所担忧的那样大幅度下滑，反而开始提升。

所以，无论你擅长什么技能，无论你拥有哪一领域的丰富知识，你都得承认自己不是"全能的"这个事实。

3. 寻求专业帮助

在摆脱拥有者思维的过程中，父母要保持谦逊，愿意倾听和学习，不断地调整自己的教育方法，以适应孩子的成长需要。培养自我反思的能力是关键，父母可以通过阅读、参加工作坊、咨询等方式，定期审视自己的教育方法和态度。

在一对一的陪跑服务中，我会为孩子进行天赋测评，也会借助一些专业工具引导家长重新了解自己和孩子的性格、行为模式。通过这些专业的评估，父母可以更深入地了解孩子与生俱来的天赋优势、性格、行为模式和爱的表达方式。基于这些了解，父母可以更好地理解孩子，从而提供更有针对性的支持和引导，同时利用这些信息来调整自己的期望和教育策略，确保其与孩子的真实需求和能力相匹配。

4. 做孩子的支持者和喝彩者

这意味着父母要为孩子的每一次尝试和努力喝彩，无论结果如何。父母应该鼓励孩子追求自己的梦想，即使这些梦想与父母的期望相悖。父母可以通过提供挑战和试错机会，让孩子自己寻找解决方案，鼓励孩子独立思考和解决问题。父母可以作为指导者和协助者，帮助孩子提升解决问题的能力，增强自信心。同时，父母应该给予孩子无条件的爱和接纳，让孩子知道他们的价值不取决于成绩或外在表现。这种爱和接纳是孩子自信心和安全感的基础，也是他们探索世界和实现自我的动力。

可能有些父母会很失望，他们期望从书中找到一些速效解决方案，然而读到这里却发现，他们首先需要对自己动一场"大手术"，改变过去的身份定位与目标。这是不小的挑战，但并非不能达成。我曾帮助超过3000个家庭的孩子重返校园，他们的成功经历足以证明本书中所教的方法是可行的，也是有效的。

也希望各位家长不要过于沮丧，不要认为你们过去做的一切都是错误的，才导致了今天这样的局面。这个世界上没有完美的父母，无论过去的错误有多么离谱，从现在开始做正确的事永远不晚！

第九章 婚姻关系：孩子安全感的"地基"

CHAPTER 9

在探讨孩子厌学、沉迷电子产品等行为问题时，一个不可忽视的话题就是"父母的婚姻关系"。我曾经对接触过的家庭进行了统计分析，发现90%厌学孩子的背后，父母的婚姻关系都存在较大问题。

这些家庭中，父母之间往往存在不可调和的矛盾，长期缺乏有效的沟通，彼此充满了猜忌、怨恨、愤怒、失望，甚至是敌意，还有些父母存在严重的言语或肢体暴力。在我接触过的家庭中，30%的父母已经离婚，他们在孩子幼年时期，甚至婴儿时期就已经结束了婚姻关系。

很多父母认为大人之间的冲突和分歧是无法避免的，而他们也努力让孩子免受伤害。但实际上，<u>孩子对于家庭氛围和关系的敏感度远远超出成人的想象</u>。他们会因为父母间的紧张关系而感到焦虑不安，这种情绪长期累积，可能导致他们异常敏感、缺乏自信、对学习失去兴趣，或是过度依赖电子产品来逃避现实。因此，在寻找解决孩子厌学问题的策略时，父母婚姻关系是一个不得不谈的话题。一个健康和谐的家庭环境对孩子的成长至关重要，而一个充满冲突的家庭环境则可能成为孩子行为问题的温床。

在咨询室里，我几乎向每位来访的家长都提过同一个问题：你爱你的孩子吗？得到的答案几乎都是肯定的。随后，我进一步询问，如果我告诉你什么是爱孩子最好的方式，你是否愿意尝试？家长同样毫不犹豫地表示愿意。

于是，我告诉他们，爱孩子的最好方式其实就是爱你的配偶。听到这个答案，许多家长的脸上闪过惊讶，也有的是失望。

父母的婚姻关系对孩子的影响

1. 安全感的建立

在孩子成长的道路上，安全感是他们心理发展的重要基石。它如同阳光雨露，滋养着孩子的性格、抗压能力和行事风格，影响着他们未来成为怎样的人。安全感充足的孩子，内心如同平静的湖面，能够坦然接纳生活中的每一次波澜。他们能够在玩耍中学习，在学习中玩耍，享受成长的每一个瞬间。相反，那些缺乏安全感的孩子，内心充满了不安和恐惧。他们如同受惊的小鹿，时刻警惕着周围的一切，哪怕是最微小的变化也能让他们感到惊慌失措。这种持续的紧张状态让他们难以集中精力，学习和生活都受到了影响。他们在人际交往中也更容易受伤，别人的无心之言或目光，都可能被解读为对自己的攻击。

那么，孩子安全感的来源究竟是什么呢？它并不取决于家庭的物质条件，如宽敞的住宅、丰厚的财富或顶尖的学校，而是根植于父母的婚姻关系之中。父母的相处模式，是孩子安全感建立的主要影响因素。当父母频繁发生争吵、冲突或冷战时，孩子的心理环境就会变得紧张和不稳定：

- ○ 他们会担心父母离婚，家庭破裂。
- ○ 他们会担心自己是导致父母冲突的重要原因。
- ○ 他们会害怕自己被遗弃。
- ○ 他们会担心自己是父母的负担。
- ○ 他们会害怕失去爱。

○ 他们会恐惧未来的不确定性。

这些担忧和恐惧，如同阴影一般笼罩着孩子，影响着他们的情绪和行为。他们可能会变得过于敏感、充满防御，对他人的言行过度解读，进而影响他们与同龄人的交往，甚至阻碍他们社交能力的发展。他们还可能发展出逃避现实的行为，比如沉迷电子游戏或其他虚拟世界，以此来暂时忘却现实生活中的不安和焦虑。

因此，父母的婚姻关系不仅关乎夫妻双方的和谐，更关乎孩子能否在一个充满爱和安全感的环境中健康成长。一个稳定和充满爱的家庭环境，是孩子建立安全感的重要基础，也是他们健康成长的必要条件。

2. 以自我为中心

在咨询工作中，我经常遇到忧心忡忡的父母，他们抱怨孩子过于以自我为中心，忽视家庭成员的感受。这些孩子行事似乎总是以自己为中心，不顾及他人，显得相当自私。然而，深入观察这些家庭，可以发现**孩子的自私行为往往是家庭关系结构催生的**。在这些家庭中，孩子从出生起就成为家庭的中心，亲子关系被置于婚姻关系之上，导致孩子从小被过度溺爱，养成了依赖和索取的习惯。

我曾辅导过一个家庭，孩子正在上五年级，是个女孩。她对家人态度恶劣，甚至将父亲赶出家门，不允许他同住。面对孩子的无理要求，父母双方都没有站出来指出孩子的错误，而是选择了妥协，尽力满足孩子的各种需求。随着年级升高，学习难度加大，孩子开始逃避考试，不愿意上学，最终选择辍学在家。无论父母如何劝说，她都冷漠地回应，坚持自己的立场。父母在这种情况下感到无能为力，因为他们已经习惯了孩子在家中占据主导地位的模式。

在这种家庭中,父母往往认为孩子的快乐和学业是最重要的,而忽视了婚姻关系的重要性。孩子在这种环境中成长,逐渐被塑造成以自我为中心、自私自利的人。父母的行为和态度,无形中传递给孩子一个信息:你是家庭中的核心,其他成员的存在都是为了满足你的需求。

这种家庭环境对孩子的成长有着深远的影响。孩子可能会逐渐失去同理心,不懂得关心和理解他人。他们可能会认为自己的需求高于一切,而忽视他人的感受和需求。这种以自我为中心的态度,不仅会影响他们与家庭成员的关系,也会对他们将来的人际关系产生负面影响。

孩子还可能会发展出一种错误的认知,认为自己可以随意支配和操纵他人,而不需要承担任何后果。这种认知也会延伸至校园关系中。许多孩子不愿上学,是因为他们觉得自己在学校中不被老师重视,或是不受同学欢迎。他们期待的是,无论自己表现如何,都能得到老师的欣赏和同学的追捧;无论成绩好坏,老师都应该对自己寄予厚望,无论是评选班干部还是受表彰,都应该有自己的份儿;同学则应随时响应、无条件支持自己,甚至应将自己置于首位;好朋友不应结交其他新朋友,因为结交新朋友意味着对自己的不忠诚。这些看似荒谬的认知和想法,根源在于孩子在家庭中被过度溺爱,接受了以自我为中心的教育方式。因此,这类孩子将来在生活中,可能会缺乏责任感和纪律性,难以适应社会规则和期望。

父母如何处理婚姻关系,在孩子成长过程中起着至关重要的作用。一个健康的家庭环境应该平衡亲子关系和婚姻关系,让孩子在爱与尊重中成长,学会关心他人,培养责任感和同理心。只有这样的环境,才能帮助孩子成长为有爱心和责任感,将来能够自食其力的人。

综上所述,婚姻关系对孩子的发展至关重要。如果当下你身处婚姻关系之中,而孩子已经出现了厌学、沉迷电子产品等行为问题,那么建议你重新评估婚姻关系状况。不论当前婚姻状况如何，只要你愿意从现在开始做出改变，重新建立美好的婚姻关系是完全可能的。

将婚姻关系确立为家庭的核心关系

在孩子出生之前，夫妻之间的婚姻关系往往是家庭的核心，双方都会将对方的需求放在心上，自然而然地表达爱意，并采取爱的行动。然而，随着孩子的到来，许多家长的重心会自然地转向孩子，孩子的每一个微笑和成长里程碑都成了家庭关注的焦点。与此同时，夫妻之间的情感联系可能会逐渐减弱，家庭成员围着孩子转成为一种常态。

<u>要改变这一现状，夫妻双方需要意识到，应当重新调整家庭的核心关系，将婚姻关系置于亲子关系之前</u>。这种调整不是忽视孩子，而是为了创造一个更加稳定与和谐的家庭环境，从而更好地支持孩子的成长。

在之前提到的案例中，女孩父母经过几次咨询之后认识到，他们把亲子关系摆在了第一位，助长了孩子以自我为中心的行为。于是夫妻俩决定打破家庭关系的现有次序，让孩子意识到自己不是家里的"老大"，她在家庭中需考虑他人的感受和需求，不能一味地以自我为中心。

于是，在一次与孩子的冲突过后，母亲让已经在外面住了几个月的父亲回到家中，两人一起敲开孩子的房门。当女孩看到父母一同出现时，她感到非常惊讶，不知道接下来会发生什么。母亲这时发话了："孩子，你这样每天说话不算数，说好去上学却又不去，真的让我很难过，我已经无法承受了。我和你爸是夫妻，你不能这样将爸爸赶出家门，让他住在外面。如果我丈夫不在家中，我会崩溃，我们的家庭也可能因此破裂。所以，我让你爸回来，与我们同住。以后，你不能再像以前那样对我们说话了，你希望我们尊重你，那你首先要尊重我们。"听到这里，孩子简直惊掉了下巴，因为父母从未如此团结地站在同一战线与她对话。孩子注意到父母严肃的表情，意识到他们并非在开玩笑，于是冷淡地回应了一句"我知道了"。从那以后，孩子嚣张的气焰似乎收敛了不少，毕竟父母拧成一股绳，还是挺有威慑力的！

通过这样的行动，父母不仅向孩子传达了家庭规则的重要性，也向她展示了他们作为亲密伴侣的默契与相互支持。这种团结一致的态度，对于纠正孩子的行为、重塑健康的家庭关系至关重要。在这个过程中，孩子逐渐学会尊重和理解家庭成员，而父母也成功让婚姻关系回归到家庭中应有的核心位置。这样的改变有助于创造一个更加稳定、和谐的家庭环境，为孩子的全面发展提供坚实的基础。

配偶的第一需求

为了恢复或重建婚姻关系，我们需要了解：配偶的第一需求是什么？如果我们不了解配偶的需求，仅仅根据自己的理解和认知去满足对方，那么我们即便付出了诸多努力、耗费了大量精力，也可能并未真正触及问题的核心。结果是，配偶的需求没有得到满足，夫妻之间的关系渐行渐远。在咨询室里，我经常询问来访的夫妻这个问题，得到的答案五花八门。接下来，我们将探讨在婚姻关系中，丈夫和妻子普遍的首要需求是什么。

当我问妻子们认为丈夫的首要需求是什么时，她们的回答有性生活、美食、休息、理解、信任等。这些都很重要，但排在第一位的通常是"尊重"。

其实，每个人都有"被尊重、被看重"的需要，这与其能力、智慧、口才、赚钱多少无关,是与生俱来的需求。

在探讨家庭事务或交流个人问题时,丈夫希望自己的意见被认真对待,即使最终的决定与他的观点不同,他也希望自己的声音被听到。这种被尊重的感觉让他感到自己是家庭决策中不可或缺的一部分。

在家庭中,丈夫可能承担着养家糊口的责任,他希望自己作为家庭的经济支柱得到认可。当他的努力得到家人的感激和赞赏时,他会感到自己的付出是有价值的,这对于他提升自我价值感至关重要。

尊重还意味着对丈夫个人空间和兴趣的支持。在忙碌的家庭生活中,丈夫可能需要一些时间来放松和充电,比如做运动、钓鱼或投身其他爱好。当他能够在进行这些活动时得到妻子的理解和支持,他会感到自己被尊重和被爱。

在当今社会,我注意到在许多家庭中,妻子往往成为决策者,丈夫的意见有时会被搁置一旁。现代女性在家庭中承担起越来越多的责任,她们不仅需要在职场上展现出卓越的才能,还需要在家庭里操持家务,照顾家庭成员的生活起居,不少女性更是成为家庭经济的主要贡献者。长期的多面操劳,塑造了女性雷厉风行,甚至强势的行事风格。妻子们忙于应对家庭内外的大小事务,身心俱疲,在这种状态下,她们对丈夫的抱怨日益增多,对于丈夫提出的建议,也难以给予应有的重视。

在被妻子轻视对待之后,丈夫们多数选择了沉默、减少沟通和晚归。他们将更多的时间投入工作或打游戏、刷视频、看电视、钓鱼、与朋友聚餐、打麻将等休闲娱乐活动上,逐渐减少了陪妻子和孩子的时间。在他们看来,自己在家庭中的存在感微弱,似乎只要能赚钱就已尽到责任,那何不让自己的生活更轻松一点呢?

在妻子看来,丈夫变得越来越不负责任,于是抱怨和指责越来越多。如此恶性循环,使得婚姻关系岌岌可危。妻子对丈夫缺乏尊重,丈夫在家庭中找不到存在感和影响力,当有外人仰慕他时,丈夫的心就容易动摇。我并非为丈夫们的出轨行为开脱,而是想提醒妻子们,无论丈夫在家中表现如何,无论他的贡献大小,他都有一个基本需求——被尊重,他希望自己被视作家中顶天立地的男子汉。当妻子开始尊重并欣赏、仰慕丈夫时,他的第一需求就得到了满足,他就能在丈夫和父亲角色上表现得更好、更出色。

那么,妻子的第一需求是什么呢?我询问丈夫们这个问题时,他们也给出了各种答案,如金钱、舒适生活、关心、惊喜等。然而,深入挖掘这些答案背后的真实需求,我们会发现,**妻子们的首要需求是得到丈夫的关爱。这种关爱并不仅仅是物质上的满足,更多的是情感上的陪伴和精神上的支持。**

妻子们渴望在婚姻中感受到被爱和被珍惜。她们希望丈夫能够给予温柔的陪伴,无论是日常生活中的点滴关怀,还是在特殊时刻的惊喜和浪漫,都能让妻子感受到被爱的幸福。这种关爱还体现在耐心的倾听和安慰上,当妻子遇到烦恼和压力时,丈夫的倾听和理解能够给予她极大的安慰和支持。

在婚姻关系中,妻子的这种被爱的需求,实际上是一种情感上的依赖和对安全感的渴求。她们希望丈夫能够成为自己最坚实的后盾,无论外界如何变化,都能给予她们稳定的情感支持和依靠。当妻子感受到丈夫的关爱时,她们会更加自信和快乐,这种积极的情绪会反过来影响整个家庭氛围,使得家庭关系更加和谐,婚姻生活更加美满。因此,丈夫的关爱不仅仅是一种对妻子的情感满足,更是维系婚姻幸福、家庭和谐的重要因素。

然而在现实生活中,许多丈夫在婚后逐渐忽视了对妻子的关爱。丈夫们认为,结婚后关系已经确定,就不需要再做这些肉麻的事了。当妻子出现负面情绪或展现出脆弱的一面时,丈夫往往采取讲道理或冷处理的方式回应。但这些做法不仅无效,反而会使妻子感到孤独、不被理解和不受关爱。

我曾辅导过一对夫妻，他们因为孩子不上学的问题经常发生争执，家里每天硝烟弥漫。妻子认为丈夫只会讲大道理，还不如闭嘴，而丈夫则认为妻子根本听不进别人的建议，只知道乱发脾气。

在咨询室里，我了解了他们日常的互动情况后指出，他们虽然都在努力帮助孩子，但两股力量没有形成合力。原因是双方的日常行为都在踩雷：妻子不尊重丈夫，丈夫不关爱妻子。尽管他们为家庭付出了很多，但累积了过多对彼此的怨恨和不理解。这样的分歧，在帮助孩子的过程中没有任何益处。因此，他们的婚姻关系需要进行调整。

我给他们布置了具体的任务。我建议丈夫，当妻子发脾气时，丈夫不要责备她，而应先拥抱并安慰她，为她倒杯水，让她充分表达怒气；认真地倾听，听完后用自己的话复述妻子表达的内容，然后告诉妻子"我理解你的感受"。

同时，我建议妻子，当丈夫发表长篇大论时，不要急于打断，而应耐心倾听。丈夫说完之后，及时给予肯定，例如："谢谢你，老公！你真的在尽力帮助我解决这个问题，我会认真考虑你的建议。"

夫妻回家后，按照我给出的建议进行尝试。一周之后，他们的沟通有了显著改善，关系也更为亲密。在面对孩子的问题时，他们感觉比以前更有力量了。

打破恶性循环

我们现在转向现实生活中大多数家庭的婚姻关系模式。在我服务过的家庭中，大约90%的婚姻关系陷入了恶性循环——丈夫未能给予妻子应有的关爱，导致妻子感到孤独和不满，认为自己不被爱，因此妻子可能会更加不尊重丈夫；而当丈夫感受不到尊重时，他们也觉得家庭变得冰冷，失去了吸引力，进而更加不愿意关爱自己的妻子。这种恶性循环不断加强：你越不尊重我，我就越不爱你；你越不爱我，我就越不尊重你。夫妻双方陷入了痛苦的恶性循环，彼此都感到绝望。他们在婚姻中没有得到满足，内心充满了埋怨和不理解，却又找不到出路。

那么，如何打破这种恶性循环呢？我给大家的方法是，**夫妻双方至少有一方愿意首先成为给予者**。无论对方是否爱我，我都要尊重他；或者无论对方是否尊重我，我都要关爱她。给予者愿意首先放下自己的需要，先去满足对方的需要，先去给予爱或尊重。

成为给予者意味着即使对方表现出不尊重或不爱，依然选择以尊重和爱来回应。这种选择不是被动的忍受，而是一种主动的、有意识的决定，目的是打破恶性循环，建立新的婚姻关系和互动模式。

在实践中，成为给予者意味着在对方犯错时选择宽容，而不是指责；在对方感到沮丧时提供支持，而不是冷漠；在对方需要空间时给予理解，而不是逼迫。这种以爱为基础的回应能够逐渐改善家庭氛围，减少冲突，增进夫妻间的理解和尊重。

给予者还需要具备同理心，能够站在对方的角度思考问题。这不仅能帮助给予者更好地理解伴侣的感受，也能使自己在回应伴侣时更加体贴和周到。

成为给予者是一个持续的过程，需要持久忍耐，不断地自我提升和调整。这个过程可能很艰辛，因为我们无法预估配偶的反应。对方可能需要很长时间才会有正面回应，因为对方需要一段时间去确认配偶真的改变了、真的爱自己，对方那颗早已冰冷的心需要时间去回温。对方也有可能没有任何感动或正面回应，因为对方可能早已对婚姻彻底失望。当然，对方也有可能被配偶的改变深深打动，冰释前嫌，放下所有的怨恨、自怜，也开始去爱或尊重配偶。

就像《阿甘正传》里的那句台词:"生活就像一盒各式各样的巧克力,你永远不知道下一块会是什么味道。"不试试,又怎么会知道呢?

我曾辅导过一个家庭。男孩在进入初中后开始频繁请假,初一暑假过后,就彻底不上学了。

在了解了他们的家庭关系和孩子的成长背景后,我意识到男孩可能是想采取这种方式来挽救家庭。为什么这么说呢?因为在这个家庭中,母亲是最具话语权的人,她的收入也高过丈夫。妻子掌控了家中大小事务的决定权,经常数落丈夫的各种不是,丈夫几乎没有什么地位。无论是在孩子面前,还是有外人在场时,妻子从不给丈夫留任何面子,经常对丈夫大呼小叫。丈夫被迫承担了大量家务,内心感到十分窝火,对妻子早已心生不满。面对妻子的强势,他多数时候选择沉默应对,偶尔也会因无法忍受而爆发。在这个家庭中,妻子认为丈夫不能创造任何价值,所以她经常把离婚挂在嘴边。有时在争吵中,丈夫也会提到离婚。

这样的关系持续了多年,孩子在年幼时,面对父母的争吵,他会大哭,并极力劝说父母和好。但父母一旦吵起来,无论他怎么哭都没用,于是孩子拼命好好学习,想通过成绩好、表现优秀来取悦父母,让他们不离婚、不吵架。结果这些似乎也不奏效。

小学六年级时,孩子突然表示不想上学,要求请3天假在家休息,父母开始感到焦虑,并躲在房间里商量如何解决问题。孩子意识到,如果自己成为一个"有问题的孩子",似乎可以让父母团结起来,共同应对问题。从那以后,孩子不断地出现各种问题,三天两头请假不上学,在学校与同学发生冲突,甚至被老师要求通知家长等。

在了解了这些情况之后,我引导父母认识到,他们不稳定的、危机四伏的婚姻关系是导致孩子逃学的主要原因。如果他们想有效地帮助儿子，必须首先解决他们的婚姻问题。这对父母非常爱儿子，他们决定为了孩子做出改变。妻子不再对丈夫呼来喝去，会在做决定前征求丈夫的意见，并尽量采纳他的意见。丈夫也开始学着去关爱妻子，对她说"我爱你"，偶尔制造仪式感，送个礼物。他们的婚姻关系很快发生了改变，他们能够发自内心地感谢对方、欣赏对方了。

当孩子感受到父母的关系越来越和谐、亲密，那根绷着的弦终于放松了。他再也不用通过制造问题，来维系父母的关系了。

或许有些读者读到此处，心中会涌起疑问：凭什么是我先成为"给予者"？为什么不是对方先做出改变？

我想强调的是，这完全取决于个人选择。你可以选择成为那个率先采取行动的人，也可以选择等待对方先做出改变。你可以选择为了家庭和自己的幸福，重新振作并再次努力；同样，你也可以选择放弃，接受现状。这个决定权完全掌握在你手中，没有人能够强迫你做出选择。这是一个完全属于你自己的决定，你有权利根据自己的意愿和判断来做出最适合自己的选择。

给离异家庭的建议

或许在阅读本章内容时，离异家庭的家长会感到后悔、沮丧或无助。后悔于当年没有好好经营婚姻，导致孩子在不完整的家庭中成长，没能建立良好的安全感；沮丧于孩子已经这么大了，破碎的婚姻也无法再挽回；无助于自己孤身奋战，孩子能否回归正轨尚未可知，甚至无从下手。

这些并非笔者的本意。请允许我向您传达一个好消息：即便是离异家庭，即便破碎的婚姻已经给孩子造成了很大影响，您依然可以选择做正确的事，来帮助孩子重新振作。

1. 放下过去，鼓励孩子与离异的另一方建立关系

您在上一段婚姻中所经历的痛苦、冲突和伤害，无疑是沉重的。如果您选择继续背负着这些伤害和负面情绪生活，它们可能会像脓疮，继续侵蚀您的生活，甚至影响到孩子。为了不再被过去的阴影笼罩，为了孩子和自己的未来，选择宽恕前任、放下过去是必须的。无论对方做过什么，您都可以选择宽恕对方，并支持孩子与对方建立健康的关系。

有些家长可能会在孩子面前说对方的坏话，如："你爸爸不负责任，不配做你的父亲。"这样的言语不仅无助于情绪宣泄，反而可能导致孩子出现身份认同危机，产生怨恨和自怜的负面情绪。背负着这些强烈的负面情绪，孩子可能会变得消沉、缺乏动力。因此，无论您与前任的关系如何，都应尽可能鼓励孩子与其建立联系。

我曾辅导过一对母女，女儿已一年未上学。询问父亲的情况时，母亲告诉我，他们在女儿三年级时离婚，父亲不负责任，时而消失，时而出现，对女儿在经济和情感上都缺乏支持。因此，母亲已切断与前夫的联系，并告诉女儿不要与他有任何往来。在了解情况后，我建议她重新与前夫联系，允许他探望女儿。她实在无计可施，决定按照我的建议试试。不久后，前夫带女儿外出用餐、逛游乐场，还送了礼物。女儿与父亲开心地玩了一天后，回家兴奋地告诉母亲："我决定下个月回学校。"

当孩子目睹父母关系破裂，而主要照顾者持续贬低前任时，孩子很容易陷入迷茫、怨恨和绝望之中。因为，孩子深爱着父母，但是如果继续与离开家庭的另一方保持联系，就意味着背叛了主要照顾者。孩子也会对自我身份产生质疑——父母彼此为敌，互相仇视，为什么自己会来到这个世界？自己存在的价值是什么呢？

主要照顾者若能放下过去、冰释前嫌，允许孩子与离家的另一方继续保持良好亲密的关系，就足以重燃孩子对生活的信心、动力和热情。

2. 不要将全部精力倾注于孩子

单亲父母要学会自我关怀，不要将全部精力都放到孩子身上。您需要为自己设定生活目标，寻找生活乐趣，千万不要总围着孩子转。我接触过许多离异的家长，尤其是母亲们，她们离婚后会觉得孩子在不健全的家庭中成长很可怜，因此全心全意地爱孩子，想弥补孩子缺失的爱和照顾。她们总是竭力满足孩子的各种要求，为孩子打理一切，不让孩子承担任何责任。在这种模式下，孩子容易养成以自我为中心、自私自利的习惯，不懂得感恩。

我曾遇到一位离异母亲，她在孩子小学一年级时离婚，一个人含辛茹苦地拉扯儿子长大。她自己过着最低标准的生活，一双几十块钱的运动鞋上满是用胶水补了又补的痕迹。但是，在照顾儿子方面，她从不含糊，始终在能力范围内尽量满足孩子的需要。她每月收入3000元，孩子的父亲多年未支付任何生活费。孩子上初中时，逐渐沉迷于名牌服饰和运动鞋，动辄要求母亲给自己买上千元的运动鞋。若母亲未能满足，孩子会立马翻脸，脏话连篇，甚至对母亲动手。这位母亲向我倾诉时，我既心疼又感到悲哀。

对于这位母亲，我建议她立即为孩子设定清晰的界限，明确告知孩子，她能够提供基本的生活需求、教育费用等支持，但对于额外的物质要求，她无力承担。如果孩子需要，他可以自行寻找赚钱的方法以满足需求。如果孩子再动手，必须坚定地告诉孩子，他的行为是错误的，必要时立刻报警。

第九章 | 婚姻关系：孩子安全感的"地基"

同时，我建议她加入妈妈陪伴小组这样的团体，找到可以倾诉和互相支持的伙伴。在日常生活中，我鼓励她每天饭后出门跳广场舞或跑步，对自己好一些。

这位母亲采纳了我的意见。当她亮明态度、立场变得坚定时，孩子惊讶得愣住了。他从未想过对他百依百顺的母亲会有改变态度的一天，他也从来没有意识到自己的行为会对母亲造成伤害。自从她改变态度，孩子在行为上再也不像以前那样有恃无恐了。

单亲和离异家庭的父母们，在爱孩子的同时，不要让孩子成为你生活的全部。你陪伴孩子成长的时间大概只有18年，那个曾经在你的搀扶下蹒跚学步的宝宝，终有一天要离开这个家，去走他自己的人生路。如果你把全部的爱和注意力都放在孩子身上，这种爱可能成为令他窒息的重担。你需要学会爱自己，确立生活目标，培养兴趣爱好，活出属于自己的精彩。

总之，很多孩子出现厌学、"躺平摆烂"的行为，与父母的婚姻关系紧密相关。想要扭转局面，困难重重，但改变是可能的。父母可以通过重新评估和调整自己的婚姻关系，为孩子提供一个更健康、更稳定的家庭环境。这种改变不仅能够促使孩子发生积极的转变，也能为整个家庭带来希望。**每个家庭都有其独特的故事和挑战，但爱和理解是治愈创伤、促进成长的关键。** 通过给予爱和尊重，我们可以打破恶性循环，为孩子的未来铺平道路，让他们在爱中茁壮成长。

第十章 共情沟通：让孩子主动开口说心事

在探讨孩子厌学、沉迷电子产品、缺乏动力、"躺平摆烂"等问题时，亲子关系无疑是我们无法回避的重要话题。

几乎所有的来访家庭中，都存在着亲子关系问题。有些父母与孩子长期疏远，父母无法理解孩子的内心世界，彼此如同陌路人，每日交流寥寥无几。有些父母与孩子已彻底决裂，孩子一开口就暴怒，对着父母谩骂，甚至产生肢体冲突。还有一些父母过度溺爱孩子，通常情况下母慈子孝，关系看起来亲密无间，但是一旦涉及学习或电子产品使用等问题，孩子就会翻脸不认人，仿佛变了一个人。这些现象都反映出亲子关系存在问题。

在第四章中，我提供了一个工具，用以检测亲子关系的质量——亲子关系温度计。通过这支温度计，我们可以初步评估亲子关系目前所处的沟通层级及其亲密程度。

在评估了你和孩子的亲子关系现状之后，本章将探讨如何重建或恢复亲密的亲子关系，这是帮助孩子从低谷中振作起来的重要步骤。

从"愤怒""失望"到"共情""理解"

要重建和修复亲子关系，父母首先需要重新审视自己的态度。面对孩子厌学、沉迷电子产品、"摆烂"等行为时，大多数父母内心充满愤怒和失望。他们无法接受自己精心培养的孩子，从过去人见人爱、机灵可爱的样子，变成如今这副模样。他们感到失望，认为孩子不懂事，对自己的未来不负责，认为孩子懵懂、短视、懒惰，只贪图舒适安逸，放弃了责任，不懂得体贴与感恩。

<u>当父母被这些负面认知和情绪所左右时，无论他们学习了多少方法和话术，在面对孩子时，眼神、表情和语气都会暴露其真实想法。</u>其实孩子非常聪明且敏感，他们能够通过父母的眼神、表情和语气解读其内心，可以轻松感知到父母内心的愤怒与失望。

在第三至七章中，我们探讨了孩子厌学、"躺平"的内外部原因。我希望能引导父母从一个新的视角看待这些问题，尝试站在孩子的立场上理解他们的感受。试想，每天早上7点入校，到晚上10点才能回家，这种高强度的学习，会给一个孩子带来怎样的压力？一个成绩不好的孩子，面对同学的嘲笑、老师的质问、批评，他有什么样的感受？一个在课堂上什么都听不懂的孩子，他是如何如坐针毡地熬过每一分每一秒的呢？一个在学校学了一整天，承受着各种压力的孩子，好不容易回到家里想要休息，却不得不面对父母步步紧逼的盘问：考试成绩如何、作业是否完成、在学校表现怎样……在这种情况下，他的内心状态是怎样的？孩子在班上没有交到朋友，其他同学都结伴而行，嬉笑打闹，而他却总是孤单一人，一个人用餐，独来独往，无法成功地融入群体，他该是多么孤独和尴尬。再试想，经历了以上种种情况后回到家中，孩子已经非常疲惫、心累了。此时，手机可能是他生活中唯一能带来乐趣和刺激的东西，这样的孩子如何能放下手机呢？

我希望父母能够闭上眼睛，设想自己每天重复经历着孩子所面临的种种困境。你能感受到什么？或许，在这一刻你开始理解孩子，开始真正心疼他了。

我们确实需要转换视角来共情这一代的孩子。与"70后""80后"的成长环境不同，他们没有机会在放学后约上邻居家的小伙伴，在院子里自由嬉戏或过家家；他们的假期也没有多少属于自己的时间，因为假期都被紧凑地安排了各种兴趣班。我们那代人的父母，更多关注我们是否吃饱喝足，学习多采取放养模式。擅长学习的人，就继续深造；不擅长学习的人，可能初中读完就开始学习手艺。我们有机会按照自己的意思去选择未来的道路。但是这一代孩子，从还在妈妈肚子里时，就站在了起跑线上；还未开始牙牙学语，就被安排各项智能的探索和锻炼。他们成长的每一步都被精心设计和规划，他们是被寄予厚望的一代人，集万千宠爱于一身，也集万千压力于一身。父母不允许他们有丝毫懈怠，更不能接受他们落后于人。他们既是幸运的一代人，也是不幸的一代人。

我始终相信，<u>每个人内在深处都渴望成功，渴望得到他人的认可与信任，这是与生俱来的本能</u>。没有人天生愿意"躺平摆烂"，过毫无希望的生活，所以孩子"躺平"、懒散，并非是他们真的享受这种生活。这一代的孩子早早地用他们稚嫩的肩膀承载了来自社会和家庭的各种压力。他们之所以选择放弃，是因为他们实在承受不住这种压力了。因此，家长们，请换一个视角看待我们的孩子，学会共情和理解他们。当我们的内心涌现出真诚的接纳和爱时，我们的语气、表情和眼神也会随之发生变化。只有当孩子在与您相处交流时感到放松，不再感到紧张和压迫，你们之间才能建立起真正的连接。

向孩子道歉

1. 为什么需要向孩子道歉

想要帮助孩子摆脱厌学、沉迷于电子产品、"躺平摆烂"的状态，"向孩子道歉"是一个不可省略的关键步骤。原因在于，<u>绝大多数出现这些问题的孩</u>

子存在心理创伤，而这些创伤几乎都与家庭环境和亲子关系有关。与其将这些孩子视作有行为问题的孩子，不如将他们视为"受伤"的人。

有些孩子在成长的关键阶段缺乏父母的陪伴，被托付给隔代长辈抚养，到了读书的年龄又被接到父母身边。这种隔代抚养以及之后的强行分离，会造成依恋关系、情感连接、安全感、身份认同等方面的诸多问题。

有些孩子长期遭受父母的言语暴力或行为暴力，他们内心充满愤怒和怨恨。这些孩子自身的情绪也会随之变得一触即发。我曾经辅导过一个男孩，他的父亲经常喝醉酒后家暴妻子和儿子。这个孩子对父亲充满愤怒，读初中之后经常与父亲动手，母亲在无奈之下只能报警。之后虽然母子搬离了以前的家，但孩子又开始了昼夜颠倒的生活。

有些孩子的父母具有强烈的控制欲。他们对孩子的行为、习惯、学习有着严格的规定，孩子的一切行动都必须符合家长的计划和要求。这种家庭通常缺乏温馨的家庭氛围，孩子每天过得提心吊胆，精神高度紧绷。

有些孩子处在破裂的家庭关系中，成了父母相互攻击的工具，或者成为发泄的对象。他们的身份认同、安全感、归属感、价值感都会受到破坏。

有些孩子在父母对学习成绩的执着要求下，不得不放弃自己的兴趣爱好，将全部精力放在学习这件既痛苦又无可奈何的事情上。他们感觉自己只是一台学习机器。

还有一些孩子由于父母的沟通方式不恰当，感到自己从未被理解，他们的喜怒哀乐全部被压抑，无处释放。久而久之，这些孩子可能会变得麻木，对生活失去了期待与热情。

以上这些创伤，都与父母有关。因此，要医治孩子的创伤、修复亲子关系，父母必须放下身段，承认自己的错误，并向孩子诚恳道歉。

然而，在传统文化背景之下，父母，尤其是父亲，往往被视为家庭的权威和领导者，他们的行为和决定应该是不容置疑的，这导致了这样一种观念，即父母不需要向孩子道歉。这种观念与孝道文化有关，孝道强调子女对父母的尊敬和服从，而不是平等沟通和相互理解。所以，对于很多父母来说，特别是父亲，诚恳地向孩子认错是一件特别有挑战的事，这需要我们放下一直非常在意的"面子"。

我曾帮助过一个家庭，父亲是海归博士，回国后创业并取得了很大成功，母亲则全职在家，照顾三个孩子。大女儿在进入初中后被诊断为抑郁症，不愿上学，沉迷于电子产品。

父亲由于工作繁忙，经常出差在外，只是偶尔回家或通过电话询问大女儿的情况。当得知孩子没去上学、整天玩手机时，父亲的言语中透露出对大女儿的不理解、不接纳和不认可。

在深入了解了他们家庭的情况后，我发现孩子非常在意父亲对自己的看法。我建议父亲不要做旁观者，把大女儿的事都丢给妻子，而是要直面孩子，并且就过去十多年的少陪伴、少沟通、不理解，向孩子道歉。经过多次尝试，我终于有机会与这位父亲深入交流。夫妻二人坐在咨询室中，我引导这位父亲回顾孩子的成长过程，剖析孩子当下行为的成因，进而帮助他认识到，作为父亲，他可能是女儿走出困境的关键一环。聊了一小时后，这位父亲的态度从一开始的傲慢、强硬，转变为温和、积极。我建议他回家后向孩子道歉。如果他觉得难以启齿，可以通过写信的方式。这位父亲终究还是爱女儿的，他接受了这个建议，在当天晚上给女儿写了一封信。孩子看完信后深受触动。第二天早上，女儿主动提出要去图书馆。要知道，在此之前，她已经一个多月不出门了，每天昼夜颠倒地打游戏。

我们可以将亲子关系的恢复视作一个"拆解"和"重建"的过程。"向孩子道歉"就是在"拆解"，拆解掉我们与孩子之间的隔阂、怨恨、误解和伤害。道歉之后，我们与孩子心灵之间的屏障才能被打破。这样才有机会建立起新的连接，从而带领孩子走出当下的困境。

2. 常见的错误道歉方式

在向孩子道歉时，父母可能会犯一些常见的错误：

- 在道歉时附加条件，如"我向你道歉，但是你也得向我道歉"。这种有条件的道歉并不能真正解决问题，反而可能加剧冲突。
- 在道歉时辩解或转移责任，如"我向你道歉，但是那是因为你先……"。这种道歉方式实际上是在逃避责任，而不是真诚地承认错误。
- 在道歉后仍然重复同样的错误，这会让孩子感到父母的道歉并不真诚。
- 期待孩子在收到道歉后，行为和状态立刻发生改变。这样的改变有可能发生，但并不会在每个孩子身上都发生。如果父母抱着这样的期待，可能会失望。孩子一旦发现父母因为没有得到期待的回应而失望，他就会认为父母道歉的动机仍然是为了改变他。这会进一步破坏亲子之间的关系。

3. 应当如何向孩子道歉

父母需要改变观念，认识到道歉是一种积极有效的沟通方式，而不是软弱的表现。能拉下面子道歉的家长，是在用实际行动教导孩子为自己的行为负责任。

父母需要深刻反思过去在养育过程中存在哪些错误的观念和方式，以及给孩子造成了哪些影响。在一些关键事件上，不妨进行"身份穿越"，想象自己是孩子本人，在经历那些事件时，你的感受、情绪是怎样的。只有充分理解孩子经历了什么，父母才会做出真诚且有分量的道歉。

道歉三部曲：描述事实＋反思＋请求原谅。比如：妈妈最近时常想起以前逼你学习的场景。你三年级时，有一次发烧了，想要在家休息一天，但妈妈认为会耽误期末复习，硬是逼着你吃完退烧药就回了学校。现在回想起来，我觉得自己当时太糊涂了。学习再怎么重要，也没有身体重要啊！妈妈那时的行为，一定让你很伤心。你有理由生妈妈的气，我理解，如果换作是我，我也会很生气。妈妈现在已经认识到错误了，希望你能原谅我，给我机会做个更好的妈妈！

如果孩子在父母道歉之后，出现激烈的情绪反应，这是正常现象，因为他那一直流脓的"伤口"被剥开了。这时候，父母千万不要为过去的行为进行辩解，或者指责孩子激烈的情绪。你只需要做好共情和理解就够了，等他发泄完，就会归于平静。

用孩子的"爱之语"去爱他

小 D 成长在一个三口之家，妈妈是一名教师，爸爸是一名公务员，家庭条件优渥。父母在孩子的培养和教育方面非常用心。然而，随着小 D 进入青春期，他变得越来越叛逆，与父母的关系日渐紧张，经常因学习和电子产品使用问题与父母发生冲突。

在咨询过程中，我了解到小 D 的父母都认为这个家庭缺爱，家庭成员都很冷漠，彼此感受不到爱，但他们都认为自己全心全意地爱着孩子。母亲每天下班后不顾身体的疲惫，一心为小 D 准备喜欢的美食，既要考虑口味，又要做到营养均衡，在饮食上费尽心思。每日饭后，母亲会继续为孩子准备第二天的早餐，检查小D的作业，以及处理其他琐碎的家务。

父亲理想中的家庭生活是温馨与和谐的，家人之间其乐融融，共享美好时光。因此，他常在网上搜索他们所在城市中的美食和娱乐活动，希望在周末时能带上全家去体验不同的乐趣。然而，他的提议往往遭到母亲的反对，母亲认为把时间花费在这些娱乐活动上并不明智，她建议如果父亲有空，不如帮家里做家务。

小D觉得父母对他的爱很淡漠，因为父母总是挑剔他的毛病，从没有说过欣赏或夸奖他的话，总是拿别人家的孩子跟他作比较，比如邻居或者同事的孩子考了多少分，上了什么学校。在父母眼中，他似乎什么都不如别人。

在深入了解了这个家庭的相处模式后，我可以确定，这一家三口在表达和接收爱的方式上各不相同。因此，我建议小D的父母填写"爱的五种语言"量表。

量表结果显示，母亲的爱的语言是"服务的行动"，而父亲的爱的语言是"精心的时刻"。根据父母描述的小D的日常生活表现和需求，我推测小D的爱的语言是"肯定的言辞"。

这个家庭中的每个成员都在努力地以自己的方式去爱彼此，然而，他们使用的爱的语言（简称"爱语"）并不是对方能够感知和接收到的，彼此频率不同，因此都感觉不到被爱。

在服务了上千个家庭后，我发现一个普遍现象：大多数家庭跟小D的家庭类似，家庭成员并未意识到每个人的爱语不同。尽管每个人都在尝试用自己爱的语言去爱家人，但由于爱语存在差异，所以尽管付出了极大的努力，家人往往还是无法感受到这份爱。正因如此，许多家长全心全意地付出，孩子却无法感受到父母的爱。

美国著名的婚恋辅导专家盖瑞·查普曼在其著作《爱的五种语言：创造完美的两性沟通》中，列出了五种人们普遍使用的爱的语言，分别是：肯定的言辞、精心的时刻、接受礼物、服务的行动和身体的接触。它们是人们表达和感受爱时所依赖的五种基本方式。

（1）肯定的言辞

肯定的言辞包括赞赏和鼓励的话语，这些话语能够满足人类内心最深处的需要——被人欣赏。通过肯定的言辞，人们可以表达对他人的认可和支持。

（2）精心的时刻

精心的时刻指的是给予对方全神贯注的关注，这不仅仅是共度时光，更要求这段时间内双方完全投入，展现出对对方的重视和爱意。

（3）接受礼物

礼物是爱的视觉象征，它们的价值不在于价格，而在于背后的心意和情感。礼物可以是有形的，也可以是无形的，比如陪伴和共同的经历。

（4）服务的行动

服务的行动是指做对方希望你做的事情，通过实际行动表达爱。这包括日常生活中的小事，比如做家务，以及更具体的请求，比如帮助对方完成某项任务。

（5）身体的接触

身体的接触是沟通情感的一种方式，对于某些人来说，这是最重要的爱的语言。它包括拥抱、亲吻、抚摸等，这些身体上的接触能够传递温暖和安全感。

每个人都有一种或两种主要的爱语，我们倾向于用自己的爱语来表达爱，同时也以这种爱语来接收爱。

在小D的家庭中，母亲的爱语是服务的行动。她努力地通过照顾家人、做具体的事情，向孩子和丈夫表达爱意。她所期待的爱，是家人通过服务、分担家务来给予回应。

父亲的爱语是精心的时刻，因此他总是积极策划全家人可以一起进行的娱乐活动。父亲期待在周末与孩子和妻子共同做一些不同的事情，通过交流沟通来增进彼此的感情，他认为这就是对家人的爱。他也期待家人以同样的方式来回应自己。

小D的爱语是肯定的言辞。他非常渴望得到父母的肯定与赞赏，这是他内心深处的需要。肯定的言辞能让他感受到自己是被爱的，是有价值的。

你是否发现了其中的问题？每个人都习惯于用自己的爱语去爱别人，但由于彼此的爱语各不相同，所以他们的爱语往往不能被理解和接受，进而感到家人不爱自己。

我们应当如何解决这些差异呢？解决方案就是用对方的爱语去表达爱。例如，在小D的家庭中，他的父母若想让小D感受到被爱，就需要改变过去指责、批评和唠叨的沟通方式，转而去发现他的优点和特质，给予小D更多的肯定和赞美。若小D和父亲希望让母亲感受到被爱，他们应当主动分担家务，用实际行动为母亲减轻负担，为母亲做些具体的事情，这样母亲就能感受到自己是被爱的。对父亲而言，小D和母亲应积极回应父亲策划的精心时刻，投入时间与父亲共度这美好而温馨的时光。

如果家庭中的每个成员都能努力按照对方的爱语来表达爱意，那么这个家庭将会充满爱意。在这种环境中，每个家庭成员都可以愉快地享受与家人相处的时光，婚姻关系和亲子关系都能为个体带来幸福和满足。

如何发现孩子的主要爱语呢？这五种语言在孩子身上通常会以什么形式展现出来？这需要家长去一一尝试、仔细观察，看哪种爱语在孩子身上奏效，令孩子感受到被爱。

如果孩子的主要爱语是肯定的言辞，他们通常会对表扬和鼓励反应积极，喜欢听到别人对他们的正面评价。要辨别这一点，可以观察孩子是否经常寻求他人的肯定，以及他们在得到肯定时的反应。如果接受礼物是孩子的主要爱语，他们会特别重视收到的礼物，并且认为礼物是爱的象征。他们也会经常送给他人自己精心准备的礼物。如果孩子以服务的行动作为主要爱语，他们会对实际的帮助和支持感到特别感激。他们也倾向于为他人提供实际的服务和帮助，例如：在休息时为家人准备早餐。对于需要精心时刻的孩子来说，家长与他们共度无干扰的时光是他们感到被爱的关键。家长可以观察他们是否更倾向于在一对一的互动中感到满足，以及他们是否主动寻求这种互动。如果身体的接触是孩子的爱语，他们会通过拥抱、亲吻或其他形式的身体接触来表达和感受爱。

总之，只要家长仔细观察，留意孩子对你提出最多的要求是什么，抱怨最多的是什么，以及他怎样对别人表达爱意，就能发现孩子的主要爱语。找到之后，用孩子的爱语去爱他，使你的爱"有的放矢"。

参与孩子的生活

我与很多孩子聊过他们对父母的印象。大部分孩子反映，父母只关注他们的学习成绩是否优秀，对他们的生活习惯存在诸多不满，父母并不真的了解他们，他们有很多方面的事情无法与父母谈及。

这一现象反映了在很多家庭中，父母与孩子的生活存在脱节。父母并不真的认识或了解孩子，往往只关注自己认为重要的东西，如孩子的学习成绩、身体健康和行为表现，却忽视了孩子是一个完整的个体，他有自己的喜好、兴趣特长、人际关系、困惑难题。如果我们无法深入孩子的生活中，无法走进孩子的内心世界，那么我们与孩子之间就永远只能是"你和我"的关系，很难变成

"我们"。要改变这一现状，父母需要主动走进孩子的世界，参与他们的生活。

1. 爱孩子所爱

许多家长对孩子的兴趣爱好持批评和反对的态度——不好好学习，把心思全花在这些没用的东西上，玩物丧志！把这些东西当作爱好，将来能当饭吃吗？能养活自己吗？有些家长甚至将孩子的兴趣爱好视为敌人，认为游戏、电子产品、二次元文化等是导致孩子厌学、"躺平摆烂"的罪魁祸首，必须把这些东西从孩子生活中彻底清除，孩子才能回归正轨，专心学习。

如果父母对孩子追求兴趣爱好持上述提到的态度，孩子要么会像老鼠躲避猫一样能躲就躲，跟父母形同陌路，要么为了捍卫自己的兴趣爱好，与父母频繁发生冲突。

实际上，这一代的孩子热衷于游戏、短视频、二次元，与我们"70后""80后"当年沉迷于金庸和琼瑶的小说、电视剧，收集明星照片贴纸，听流行音乐磁带是同一回事儿。我小时候，地方台播放《新白娘子传奇》，每晚4集连播，12点才结束。妈妈只允许我看一集，以免影响睡眠。结果，我每晚都会隔着卧室门把余下3集听完了才睡。这种一时的沉迷，过了那一阵子就结束了，并没有导致我的成绩大幅下滑。

每个时代都有属于那个时代的热潮，每个人也都有自己的兴趣爱好，没有对错之分。我们或许无法理解这一代孩子的喜好，但那些东西并非万恶之源，只是因为我们身处不同年代，对其不感兴趣罢了。

如果你目前跟孩子关系疏远，找不到可聊的话题，但又希望重新走进孩子内心，那么你一定要尝试去关注、了解，甚至参与孩子所感兴趣的事情。

我曾服务过一个家庭，面对孩子的"躺平摆烂"，母亲经历了焦虑、抑郁、挣扎和绝望，我辅导她一段时间后，她最终平静下来，决定放下一切掌控和指责,从重建亲子关系做起。她意识到,若要帮助孩子摆脱"躺平"状态,她必须走进孩子内心,为孩子充电。因此,她采纳了我的建议,开始关注孩子热衷的游戏。她偷偷在自己的电脑上下载了这款游戏,每天强迫自己去打游戏。要知道在以前,打游戏是她深恶痛绝的事。

这位母亲打了半个多月游戏后,在一次收拾孩子房间时,瞥了一眼正在焦灼于游戏关卡的孩子,冷不丁地冒出一句:"你试试注意对方C位破晓的合成节点。"孩子感到非常惊讶,问道:"你怎么知道?"母亲说:"我也玩这个有一阵子了。"孩子半信半疑地按母亲的建议调整了策略,竟然取胜了。一局结束后,孩子不可置信地问:"你怎么会玩游戏呢?你不是最反对我玩游戏吗?"母亲笑着说:"我试了一下,还真挺好玩的。"顺道打开电脑展示自己玩这款游戏以来的战绩,儿子看得目瞪口呆。母亲趁机提议:"不如咱俩一起来玩一把?"从那以后,每天母亲回到家,孩子第一时间要求跟母亲连线打两局游戏。这段时光成了他们最快乐的回忆。

随着愉快相处时光的增多,母亲与孩子之间的交流变得越来越轻松。孩子不再像以前那样,摆出一副拒人于千里之外的冷漠态度,甚至偶尔会在母亲面前撒娇。直到在13岁的生日餐桌上,母亲为儿子点燃生日蜡烛,让他许愿时,孩子彻底绷不住了,他失声痛哭,说出了深藏在心底的话,道出了他对自己的失望、对未来的担心以及对父母的愧疚。孩子的状态从那一刻开始彻底改变。

我至今仍然记得,这位母亲在向我叙述这件事时,激动到手都在颤抖。她等待孩子打开心门的这一刻已经太久了,幸好她终于等到了。

2. 在人际关系上的参与和引导

在孩子幼年时期,其与父母或主要照顾者的关系几乎构成了孩子全部的社会关系。父母对孩子的认可程度、接纳情况与评价，不仅会左右孩子的喜怒哀乐，更对他们的人格发展起着至关重要的作用。随着年龄的增长，孩子的社交圈子逐渐扩大，父母对孩子的影响力逐渐减弱。孩子在青少年时期会开始重视与同伴的关系，并更容易受到同伴的影响，这些影响可能是正向的，也可能是负向的。

因此，**在孩子的青春期，父母需要凭借智慧参与和引导他们的人际关系**。这样做的好处不仅在于能增进与孩子的感情，还在于能在必要时给予孩子支持。

许多家长的关注点长期集中在孩子的学习上，他们并不清楚孩子人际关系方面的情况，比如他们交了什么类型的朋友，这些朋友是否友善，孩子在同伴关系中是否遭遇了创伤或挑战，这些事件对他们的具体影响是什么。当孩子遇到人际关系方面的挑战时，父母常以成年人的视角去看待和处理，方式简单粗暴。这样的态度和做法不仅难以真正引导孩子走出人际关系困境，还会让孩子感到不被理解，拒绝向父母敞开心扉。更为严重的是，父母会因此错失帮助孩子正确看待和处理人际关系挑战的良机。

许多对学习持消极态度，甚至不想上学的孩子，陷入此种困境的导火索是学校中的人际关系出现了问题，比如遭遇了朋友的背叛、同学的非议或同学间的恶性竞争等挑战。当孩子面临这些挑战时，他们的内心是伤心、痛苦、恐惧、焦虑、愤怒、怨恨的。这些都是极其强烈的负面情绪，这些情绪需要被理性的成年人注意到，并进行合理的疏导，才不至于聚积成更严重的心结或情绪障碍。

可能有家长会说，在我们小时候，父母从不过问我们交朋友的事，为什么我们需要关注孩子的交友状况和人际关系呢？因为我们"70后""80后"这一代人在童年和青春期，所处的环境提供了相对自由且单纯的交友空间。晚饭后，我们会到院子里召集朋友，一起玩游戏，一起聊天。偶尔闹个小矛盾，第二天又能玩到一起去。就算小朋友 A 不跟我们玩了，我们还能找到小朋友 B 一起玩。在玩耍的过程中，在闲聊八卦的过程中，负面情绪就得到释放了。

然而，我们的孩子很难拥有这样的条件。他们大多数居住在高楼林立的小区里，每户人家都大门紧闭。孩子放学后的时间也大多被各种兴趣班占满。这一代的孩子在人际关系上普遍是孤独的，他们比之前任何一代人都更渴望拥有朋友，享受与朋友相处的美好时光。如果家长无法满足他们这方面的需求，孩子可能会转向网络世界，寻求关注和建立友谊。

从业十几年，我所听到的网络交友故事，多半是负面的。

一个初中女孩向父母提出休学。经过了解才发现她是受了两名网友的影响，这两名网友跟她都是某二次元作品的粉丝，她们把全部精力投入到角色扮演、购买周边上面，最后以抑郁为由申请退学。这个女孩认为这是好主意，这样就可以在休学后无拘无束地跟网友们玩了。

还有一个中专的女生，突然提出休学，父母花了好大力气才弄明白背后的原因。女孩在网上交了一个男友。交往一段时间后男友提出一些不合理的请求，女孩答应了。结果男友竟然以此要挟女生给他 2000 元，女孩一时拿不出那么多钱，所以不肯再上学。

请千万不要以为这些案例只是极少数的个例。孩子如果在现实世界中交不到朋友，就很可能转向虚拟世界去寻找。如果孩子的上网行为没有界限和规则的限制和约束，无异于让一只小绵羊置身于一片浩瀚丛林，林中藏着各种野兽，没有任何保护措施，它随时可能遇到危险，谁也不知道下一秒它会遇到什么、发生什么。

可能有家长会说："我也想跟孩子聊聊他的人际关系问题，可是孩子不愿意跟我聊。"如果存在这种情况，家长需要首先评估自己惯用的沟通方式是否恰当。在任何关系和沟通场景中，"共情"都是非常重要的沟通技巧。

开启深度沟通——共情

许多家长苦恼于不知如何与孩子进行深入沟通，他们似乎很擅长终结话题。以下是一段典型的亲子对话，我们来看看能否从中发现问题。

儿子：烦死了，我明天不想去上学了。
妈妈：发生了什么事？
儿子：明天全校运动会，高一、高二都能参加，唯独不让我们高三参加。
妈妈：原来是这个事情，你都高三了，还整天想着玩。还有几个月就要高考了，应该把心思都放在学习上。学校这么安排，是为你们好！你多玩一天，就有可能少得几分，高考成绩可是一分就淘汰几百人啊！
儿子：不要你管！
说罢，儿子"砰"地关上房门，开始疯狂地打游戏。

这样的场景在您家中是不是也曾经出现过呢？
这个案例中孩子的反应还算温和，如果遇到情绪容易激动的孩子，可能会因为家长的这番回应而大发雷霆。问题到底出在哪里？这个妈妈的回应，包含三个方面的内容：

○ **表态**："你都高三了，还整天想着玩儿""学校这么安排，是为你们好！"这些都是表态。言下之意是我认同学校的安排，你这么闹情绪是不对的，你应该乖乖接受学校的安排。

○ **提建议**："还有几个月就要高考了，应该把心思都放在学习上。"

○ **讲道理**："你多玩一天，就有可能少得几分，高考成绩可是一分就淘汰几百人啊！"

看到这里，许多家长可能会觉得没有什么问题，这位妈妈的话句句在理，她都是为了孩子好。这些话本身确实没错。但是我们得想一想，这些话会给孩子带来什么样的感受。

让我们尝试换位思考。想象一下，你是一位白领，这个月为了完成绩效考核，已经连续加班一个星期了。好不容易盼到周末，却突然接到上司的通知：绩效尚未达标，这个周末不休息，大家需要继续加班。在这种情况下，你听到这个消息会有何感受？如果你鼓起勇气去跟上司提出周末想休息，之后一定努力完成绩效时，上司回复："我真搞不懂你，你是不是不想干了？完成绩效，这个月奖金才有着落，我是为你好。你要是明天不来上班，那以后就都不用来了。"面对这样的回复，你是否会愤怒？你是否觉得上司不近人情，只是将员工视为赚钱的工具？

同样，高三学生也承受着巨大的压力，早出晚归，好不容易盼到校园运动会以求放松，却突然被告知不能参加，这无疑会让他们感到失望和愤怒，难道高三学生就被剥夺了一切休闲的权利，只能当一台学习的机器？

因此，这位妈妈表达自己的观点和建议后，孩子立即关闭房门，拒绝进一步沟通。妈妈根本没有站在孩子的角度去体会他的感受，她的关注点只在于什么对、什么错、应该做什么，这样的回应否定了孩子的情绪和想法。一旦家长表达这样的观点，孩子就会判定家长与学校是一伙的，家长就站在了孩子的对立面。孩子不想再与你多言，因为他知道你无法理解他。他的每个观点、每个行为，在你看来都是错误的。在你心中，唯一重要的事情就是学习，他的兴趣、情绪和疲劳与否，在你看来都不值一提。

许多家长执着于通过讲道理来说服孩子，他们动不动就开始大谈自己半辈子得来的人生经验，希望孩子能从中受益，少走弯路。可是，正是这些大道理让孩子与我们渐行渐远，甚至可能完全封闭心门。许多孩子拒绝与父母沟通，他们一回家就关上房门，对父母的所有提问都以一两个字应付了事。他们根本不想与父母沟通，认为自己非常清楚父母想要说什么。家长的那些道理，早就让孩子的耳朵磨出茧子了。

家长应该如何与孩子共情呢？我们需要做出三个转变：

○ 态度从"愤怒、失望"，转变为"温和地接纳"。
○ 从"听事实"，转变为"听孩子此刻的情绪"。
○ 行动从"表态、提建议"，转变为"复述孩子的话和感受"。

下表列明了在上述的案例中，妈妈应该如何实现三个转变。

做法		错误做法		正确做法：共情
第一步	愤怒、失望	内心独白：这孩子太不懂事、太任性了	温和地接纳	内心独白：孩子因为不能参加运动会而气愤，我需要去安慰他
第二步	听事实	明天的运动会不允许高三学生参加，孩子明天决定不上学了	听情绪	孩子很失望、很愤怒，想要和妈妈倾诉
第三步	表态、提建议	"你都高三了，还整天想着玩。还有几个月就要高考了，应该把心思都放在学习上。学校这么安排，是为你们好！你多玩一天，就有可能少得几分，高考成绩可是一分就淘汰几百人啊！"	复述孩子的话和感受	"哎呀，难怪你这么气呢！每天这么起早贪黑地学习，有刷不完的题。好不容易等到运动会，还以为能借机休息一天，哪知道等来这样的结果。换作是我，也会很气愤的。来，妈妈抱抱！"

如果家长能够熟练地记住并实现这三个转变，就能跟孩子有说不完的话。因为孩子会感受到被理解、被尊重，他的心门就会向你敞开。

我曾辅导过一个妈妈，她的儿子小赵因为人际关系问题而不想上学。小赵是个学霸，一直是老师和家长眼中的优秀学生。六年级时，老师为每名学生安排了一个学习搭子，目的是通过互相帮助和竞争促进共同进步。没想到，小赵与他的学习搭子逐渐陷入了恶性竞争。除了学习成绩，两人还通过打小报告、说对方闲话等方式竞争班干部职务。

而妈妈对此毫不知情。直到有一天，学习搭子的妈妈给小赵的妈妈打电话讲述了这些事情，妈妈才意识到问题的严重性。当妈妈与小赵讨论此事时，还未等孩子开口陈述事情经过，妈妈便开始提出建议："这是什么大不了的事情嘛！你的学习搭子先挑起事端，你应该去找老师反映情况，而不是用他的方法来对付他。老师让你们结成搭子，是为了帮助你们进步，你们现在这样做简直枉费老师的一片苦心啊！"

这样的话，孩子实在无法再听下去，只能摔门而出。

当妈妈向我求助时，我问她是否一直采用这种对话方式引导孩子。她想了想，回答"是"。难怪孩子不愿意和她沟通，也难怪孩子的心门越关越紧，在学校发生那么严重的事都不肯告诉妈妈。

这位妈妈的问题在于，她没有养成共情的习惯。她只是站在家长的角度去看待这件事情，然后给予建议。<u>如果家长不能站在孩子的角度，设身处地理解他们在人际关系中的感受，就难以走进孩子的心门，彼此之间可能永远是"你和我"的关系，难以形成"我们"的关系。</u>孩子表达的任何情绪，无论是负面的，还是积极正面的，家长都应该给予共情，与他们同乐、同悲、

| 第十章 | 共情沟通：让孩子主动开口说心事 |

同怒、同忧、同惧。

有了共情，才能走进孩子的内心；进入内心，才能进行有效的引导。我并不是要求家长只共情，不求对错。实际上，<u>共情是正确引导得以进行的前提条件。</u>

小赵的妈妈听取了我的分析和建议后，回到家中与孩子重新进行了一次对话。

妈妈：我仔细想了想你和学习搭子之间发生的事，妈妈好像能感受到你的愤怒和痛苦了。那个孩子太小心眼儿了，在背地里给你使绊子，结果同学们反而觉得是你在背后搞小动作，这实在是很不公平，难怪你这么生气。

小赵：对，明明就是他嫉妒我，想要用这种方式在学习上超过我。我觉得他不配做我的学习搭子。我们班那些同学根本不明白到底发生了什么，只会胡乱给别人贴标签。我都快气死了！

妈妈：是的，妈妈理解你的感受。那孩子的行为确实挺不地道的，想超过你，却不肯付出努力，只知道在背后使绊子。如果换作是我，我也会像你这么生气，我可能也会用同样的方法来对付他。我的宝贝受委屈了，这个事情憋在心里这么久无处倾诉，妈妈知道之后还这么说，你生气也是应该的。原谅妈妈可以吗？

小赵：我早就不生你的气了，我只是很气他们。

妈妈：谢谢你不生妈妈的气了。那接下来你打算怎么做呢？有什么妈妈可以为你做的吗？

小赵：我其实还想继续在背后给他使绊子，但是这么做确实不光彩。算了，我也不能让同学们在背后说我的话成为事实。我就自己好好学习，等我的考试成绩远远领先他，大家就没话可说了。

大家看，这位妈妈在认同了孩子的情绪之后，以提问的方式去引导孩子思考"什么是更好的处理方式"。而小赵呢，他在发泄完情绪之后，就能够理性地分析利弊，进而做出恰当的决定了。所以，共情不是无限地纵容孩子，而是有效引导孩子的前提。

在工作中，我注意到很多家长在共情上面临一个普遍性难题，即难以精准觉察、识别孩子的情绪。这种情况往往源于家长自身对情绪的感知和表达能力较为欠缺。在日常生活中，他们可能习惯用一些防御机制来处理自己的情绪。比如，生气、烦躁、痛苦的时候，他们就通过刷手机、喝酒、运动等方式转移注意力。这些行为可能是无意识的，也可能是有意识的，目的是摆脱负面情绪对自己的影响，特别是带来的痛苦感受。

尽管这些应对情绪的防御机制表面上看似无害，但长此以往，会造成两个后果：一是情绪长期被压抑、积累，最终会以其他形式表现出来，可能是身体的慢性病，也可能是情绪障碍；二是会使人对自己和他人的情绪感知变得迟钝和麻木。

因此，**要培养共情能力，家长需要对情绪有一定程度的理解。**

家长可以先从觉察自己的情绪和感受开始进行练习。当自己的情绪有波动时，可以用最符合当下自己情绪和感受的词语表述出来。通过这种持续的觉察，我们可以逐渐增强对自身情绪和感受的敏感度，从而更准确地捕捉孩子的情绪变化，更好地去共情孩子。

第十一章 赞赏法则：肯定努力比聪明更重要

出现了厌学、"躺平摆烂"等行为问题的孩子，绝大多数已经在学习方面逐渐失去了信心。他们认为自己不是学习的料，就算这么痛苦地学下去，将来也不可能考入理想的高中或大学，他们对于自己的未来是灰心失望的，因此选择了"躺平"和"摆烂"，得过且过。

要想改变这个现状，有效的赞赏至关重要。要多赞赏和鼓励孩子是当代几乎所有家长都知道的一件事，也是几乎每个做家庭教育的老师都会谈及的话题。但在实际的辅导过程中，我发现许多家长在夸孩子时使用了错误的方法，这些错误的方式往往导致鼓励难以达到理想的效果。

六种错误的赞赏

许多家长反映，他们明明已经很努力地表扬孩子了，但孩子却毫不领情，甚至反感地回应："别假惺惺了！"这种现象常常令家长感到困惑。究其原因，这往往是因为家长未能正确表达对孩子的赞赏。下面，我将列举六种常见的错误赞赏方式，并分析其可能产生的后果，帮助大家自我反思。

1."你真棒"型

"你真棒"或类似的夸奖，是很多家长脱口而出的赞美词。然而，这种表达方式存在较大问题。

首先，它过于笼统，让孩子感到敷衍。当孩子经过努力取得优异成绩时，听到的却只是简短的"你真棒"，他可能会认为家长并未真正关注自己的付出和进步，难以从中获得成就感。

其次，这种表扬无法指向具体行为。孩子会疑惑："你夸的是我的成绩，还是我的努力？"模糊的表扬让孩子无法明确应该坚持或改进的方向。

更严重的是，这种表扬可能将孩子引入"以结果和表现为导向"的思维模式。在这个模式下，孩子会认为自己的价值完全取决于成绩或表现。成绩好时，他会获得认同和赞美；而一旦成绩下滑，他就会怀疑自己的价值。许多曾是学霸的孩子在初中、高中阶段选择"躺平"，正是因为他们的价值体系建立在成绩和排名上。他们从小因为在学习上的优秀表现被夸"很棒"，当成绩出现下降，他们就无法接受，会因为无法始终保持优异成绩而感到自卑，甚至选择逃避挑战。很多这样的孩子认为，如果考不上双一流大学，那他这辈子就完了。

因此，家长应该尽量减少使用"你真棒"。**正确的做法是引导孩子进入"以品格为导向"的世界**。在这样的世界中，每个人都有机会获得肯定。比如，在学习这件事上，那些成绩优秀的孩子会因为勇攀高峰、迎难而上的品格而被肯定，那些成绩一般的孩子也可以因为锲而不舍、不轻易放弃而被肯定。在以品格为导向的世界里，孩子会更关注自己的成长过程，而非单纯的结果。

2. 忽略型

家长经常因为忙碌或不重视鼓励和肯定而对孩子进行忽略型赞赏，例如，当孩子兴高采烈地告诉家长自己考了 100 分时，家长可能随口简单地回应："好，不错！快去写作业吧，待会儿吃饭了。"这种冷淡的态度会让孩子感到被忽视，认为自己的努力和成就并不重要。

忽略型赞赏对孩子的情绪认同不足。情绪认同不仅包括接纳孩子的负面情绪，也包括认可他的正面情绪。当孩子快乐时，家长应该表现出同样的开心，积极回应孩子的情绪。否则，孩子可能会逐渐失去追求成就的动力，因为他们渐渐发现，即使努力了，也得不到家长的重视和认同，既然这样，为什么还要那么辛苦地去努力呢？

3. 压力型

压力型赞赏通常以持续过高的期待为特征。例如，家长在听到孩子考了100分后，既表达了开心，又提出更高要求："下次继续努力！"甚至有些家长会直接表示："下次如果考不到100分，小心爸爸揍你！"虽然语气各异，但核心都是将重点放在成绩上，而非孩子的努力和进步。

这种表扬方式让孩子感到巨大的压力。他们担心一旦无法达到家长的期望，就会让家长失望或受到责备。这种恐惧不仅无法激发孩子的学习动力，反而可能让他们对学习失去兴趣。之后一旦没考好，他们就可能选择隐瞒成绩或撒谎。

压力型赞赏很难激发孩子的内驱力。他们在年幼时，可能会因为恐惧、害怕而乖乖学习，但孩子进入青春期后，这种压力型赞赏可能会激起他们的反抗和叛逆。

4. 依赖型

依赖型赞赏是指家长习惯用物质奖励来鼓励孩子，例如："只要考进前三，我就给你买手机。""这次考试总成绩提高20分，我就奖励你200元。"这种做法在很多时候看似很起作用，孩子也欣然接受，然而，它会严重干扰孩子的学习动机。学习的本质是探索世界、掌握知识的内在需求，是每个人与生俱来的本能，人自出生起就渴望了解所处的环境，希望掌握更多信息和本领。而物质奖励会干扰这种与生俱来的本能，让孩子将学习视为获取利益的手段。

如果奖励无法满足孩子，或难以兑现，孩子就会对奖励失去兴趣，他可能会停止努力。例如，有位家长曾经每周给孩子 300 元，条件是孩子坚持一周上学 5 天，结果孩子攒够了买某个心仪物品的钱后，立刻不再上学了。这种奖励驱动的方式难以形成持续的内在动力。

5. 操纵型

操纵型奖赏是指家长通过赞美来实现特定目的。比如："小明，我们家儿子最乖了、最勤快了，去帮妈妈把碗给洗了。""小明最爱妈妈了，去帮妈妈倒杯水。"这种赞赏表面上是在肯定孩子，但后面总是跟上特定的要求。这种赞赏方式可能在短期内奏效，但长期来看，会破坏亲子间的信任关系。当孩子识破"赞赏后总有要求"的套路后，他可能对家长的表扬产生抵触，甚至完全不再相信家长的认可。

6. 天赋型

夸天赋是最具误导性的表扬方式之一，例如："你真聪明！""你数学天赋很高！"这样的赞美会带来两种影响。

第一种影响是可能导致孩子失去感恩之心和责任感。比如，孩子数学考 100 分，这个结果背后有他自己的努力，也有老师的教导、家长的付出。如果家长只夸他聪明、有天赋，他就很难有感恩之心了，他会认为有好成绩是因为自己聪明，跟其他人无关。而且他也很难产生责任感，他可能会认为自己不用特别努力，靠聪明和天赋就够了。

第二种影响是孩子会因为害怕失败，而拒绝接受挑战和成长。在心理学界，有一项被广泛引用的经典实验研究，清晰地揭示了表扬方式对孩子学习动机与行为的深远影响。这一研究由斯坦福大学心理学家卡罗尔·德韦克（Carol Dweck）和克劳迪娅·穆勒（Claudia Mueller）于 1998 年合作完成，其结论至今仍被各国教育机构作为成长型教育的理论基础。

研究团队邀请了约 400 名 10 岁左右的小学生，进行三轮拼图类认知任务：

第一轮任务：所有学生完成一套中等难度的拼图游戏，结束后全部获得正向反馈，并将其分成三组给予不同类型的表扬。第一组被表扬为"你真聪明！"（能力型表扬），第二组被表扬为"你一定很努力！"（过程型表扬），第三组则为对照组，不给予特别表扬。

第二轮任务：所有学生完成一套明显更难的拼图，几乎所有人都在挑战中失败。同时，研究者观察他们在困难面前的坚持程度、情绪反应和归因方式。

第三轮任务：所有学生再完成一套中等难度的拼图游戏，测试他们是否受到前一次失败的影响，以及他们的恢复能力与表现。

结果发现，被表扬"聪明"的孩子，面对挑战时更容易退缩、自我怀疑，失败后表现出挫败感，更倾向于将失败归因于"自己不够聪明"，并在后续任务中的成绩显著下降；被表扬"努力"的孩子，则在遇到困难时更能坚持尝试，更愿意寻求策略和解决方法，更倾向于将失败归因于"自己还不够努力"，后续表现不降反升。

这个实验表明，孩子对自我能力的认识，极大地受到大人所给予的反馈方式的影响。能力型表扬（如"你好聪明"）可能会在无意间让孩子形成"能力是固定的"观念，从而害怕失败、回避挑战；过程型表扬（如"你真的很努力"）则有助于孩子建立"能力是可以成长的"信念，使他们更具韧性，更愿意面对困难与挑战。

我辅导过很多"躺平摆烂"的学霸，他们从小就经常被夸"你太聪明了，你好厉害，你真是学习的料"。这些孩子一旦遭遇成绩或排名下降，就会感到焦虑，甚至情绪崩溃。他们内心非常害怕失败，因为一旦成绩下降，就意味着过去受到的肯定和赞赏是错误的，证明自己并不是那么聪明。他们害怕面对这样的结局，因此干脆不去上学，或者拒绝参加考试。

表扬与鼓励是一门艺术。在教育孩子的过程中，错误的赞美方式可能带来负面影响，而正确的赞美则能激发孩子的内在动力和信心。希望通过反思，我们可以有意识地调整自己的表达方式，为孩子创造一个充满支持和理解的成长环境。

为什么"鼓励贴"会失效

在现代家庭教育中，许多父母热衷于通过贴"鼓励贴"来激励孩子，期望通过这种方式提升孩子的自信心和动力。例如，在孩子完成某项任务后，父母往往会写下一些积极的话语，贴在孩子的书桌、墙上，或者其他孩子日常能看到的地方。这些鼓励看似是无形的奖励，但为什么有时孩子对这些鼓励视而不见，甚至心生反感呢？

经常有家长告诉我，他们意识到以前给予孩子的鼓励和赞赏太少了，现在希望通过写鼓励贴给孩子赋能，但是孩子连看都不看，直接将鼓励贴丢进垃圾桶里。鼓励贴的效果低于预期，往往原因涉及以下几个方面。

1. 孩子的感知与父母的预期错位

父母可能会觉得鼓励贴可以让孩子感到支持和激励，但事实上，这些行为可能并未传递父母希望表达的情感。有些孩子可能会认为这种做法是"任务式"的，甚至觉得这是父母控制他们的一种表现。特别是对于青春期的孩子，他们在自我意识发展的过程中，可能会对父母的过度关心产生反感，认为这种方式缺乏诚意或不够真实，只是父母变着法子操控自己的一种手段。所以这类孩子会非常抗拒。

2. 鼓励与具体行为脱节

很多父母在使用鼓励贴时，习惯性地给出一些笼统的、无针对性的肯定性语言，例如："你真棒！""继续加油！"这种"泛泛而谈"的赞扬并没有与孩子的具体行为和努力产生深层联系。心理学中的"具体性反馈"强调，赞赏应当紧密贴合孩子的具体行动和努力，而非简单的表扬，例如："今天你在数学上付出了很多努力，解答了几个难题，你在这个过程中的专注值得表扬。"这样的反馈不仅让孩子感受到自己的努力被看见，也能够帮助他们意识到自己进步的具体方向。而空洞的赞美往往不能帮助孩子明确自己哪些行为是值得继续保持的，最终导致他们对这些鼓励视而不见。

3. 建立真实的亲子关系比鼓励贴更重要

孩子真正需要的并不是简单的鼓励贴，而是来自父母的真诚陪伴和支持。有效的沟通和情感的支持才是帮助孩子在成长中建立自信、应对挑战的关键。父母应该倾听孩子的想法和感受，与孩子共同面对问题，而非用一张张鼓励贴来替代真正的互动。很多父母不愿在沟通方式、自我情绪管理、有效陪伴方面下功夫，期望通过鼓励贴来"扭转乾坤"，这样的行为无疑是本末倒置。当孩子感受到父母的关注和理解时，他们更容易产生自我肯定，这远比任何一张鼓励贴的作用强大得多。

4. 鼓励之后附加了期待

许多家长的鼓励贴采取了"肯定＋期待"的模式。例如，一位母亲可能写道："儿子，这两天你能在晚上 12 点之前睡觉，妈妈感到非常欣慰，因为你做出了这个决定并付诸行动。我期待看到你把这份自制力和自律运用在生活中的各个方面。我相信，当你这样做的时候，那个曾经让我们骄傲的你，一定会再次回来的。"

大家可以换位思考一下，如果你是孩子，看到这样的鼓励贴，是否会认为："原来你写这个东西，夸我几句，就是为了让我改变，让我自律，以满足你的各种要求和期待。"恐怕大多数孩子在收到这样的鼓励贴后，都会产生更强烈的叛逆心理，越是被要求这么做，他们可能越不会这么做。这种"肯定＋期待"模式的鼓励贴，本质上是对孩子的不接纳。

鼓励贴本身并没有错，它可以作为一种辅助工具，在一定程度上起到赋能的作用，但不能过度依赖。在亲子关系中，真正有效的鼓励来自父母与孩子之间的真实互动与理解，而非外在的表扬或奖励。当孩子在互动过程中感受到父母的接纳、支持和信任，他们才会真正拥有持续的动力，实现自身的成长与进步。

有效的赞赏

在了解了以上种种不恰当的赞赏方式之后，接下来我们聊聊如何有效地赞赏孩子。

首先，当孩子出现了好的行为、达成某成就时，我们需要认同孩子的情绪。这是许多家长容易忽视的一环。可能很多人误以为只需要对孩子的负面情绪进行共情，但实际上，对于正面积极的情绪，我们同样需要予以认同。当孩子感到开心时，我们应与他们一同分享这份喜悦，而不是冷漠以对，以为简单地用物质奖励就能解决问题。我们应该与孩子共同体验快乐和兴奋。

其次，我们应进行描述性的赞美，概括出行为背后的品格。例如，孩子之前一旦拿到手机就难以自制，甚至昼夜颠倒，但是现在他内心萌生了想要上学的念头，他说："妈妈，我想从每天学习半小时开始。"对于这样的决定，我们应当给予赞赏。如何赞赏呢？家长可以这样表达：

○ 妈妈为你感到开心，为你的改变和决定感到骄傲。（**认同情绪**）

○ 宝贝，你做出这个决定真的很了不起。你有勇气克服内心的恐惧，从当下的状态中站起来。（**描述性赞美**）

○ 你非常勇敢，敢于走出自己的舒适区，积极主动地迎接挑战。妈妈真的很为你感到骄傲。（**概括出行为背后的品格**）

○ 妈妈支持你，如果你需要任何支持，请告诉我。（**表达支持**）

最后，表达无条件的爱。这一点是很多家长都不会做的。我们应该在赞赏和夸奖之后继续问孩子："你觉得妈妈爱你，跟你现在做这个决定——开始学习，愿意在电子产品上有所节制，有关吗？"孩子通常会认为有关，以为这样做我们就会更加爱他。这时，我们需要告诉他："不对，妈妈爱你，跟你表现好、做对的事没有关系。妈妈爱你，仅仅因为你是我的孩子，这份爱无论如何都会给予你。"

为什么在孩子做对的事时，我们还需要表达无条件的爱？<u>因为我们需要建立孩子的安全感，让他知道我们爱他，不是因为他现在表现好了，做出了正确的行为，我们的爱是无条件地给予他的，我们接纳他这个人，爱他这个人。</u>如果不表达无条件的爱，他可能会一直停留在"妈妈爱的是一个表现优秀、成功的我，而非真实的我"这种观念里。这种观念可能会加深孩子的无力感，他的内在自我价值体系仍难被撼动。

综上所述，我建议家长按以上三个步骤去赞赏孩子——认同他的情绪，他就会很有成就感；进行描述性的赞美，概括出行为背后的品格，孩子就会在这个品格上不断扎根、成长，展现出这个品格应有的良好状态；表达无条件的爱，孩子就会建立起稳固的安全感。无论是日常口头鼓励和肯定，还是写鼓励贴，只要家长按照这种模式去夸孩子，孩子便能切实有效地受到鼓舞。

如何持续不断地赞赏孩子

许多家长感到，夸奖孩子是一件很难的事情。有些父母甚至表示，自己手拿放大镜，依然找不到孩子身上值得夸赞的地方。那么，究竟怎样通过持续的赞赏来有效引导孩子呢？这里其实有一些诀窍。

第一要诀：家长要避免完美主义

我常遇到这样的家长：孩子考了98分，但父母只盯着那两分的失误。比如，当孩子把考卷拿回来后，父母只关心"这两分怎么没考好"，并要求孩子反复查看做错的地方。即使孩子已经取得了很不错的成绩，这类父母依然会忽视孩子的进步，只关注那些微不足道的瑕疵。完美主义心态往往会导致我们忽视孩子的长处。如果父母自己都不完美，又为何对孩子抱有过高的期待呢？

家长的完美主义，可能导致孩子因长期得不到肯定和鼓励而丧失动力。他们对孩子的完美主义要求，最终全被孩子内化为对自己、对他人的完美主义要求。最后，孩子会发现，自己无论怎么努力都难以实现父母所期待的完美，因此选择"躺平"。这类案例我接触过很多。

我曾接触过一个很典型的案例。一位妈妈在女儿选择"躺平"后来向我求助。在与妈妈交流时，我发现孩子非常优秀，但这位妈妈只能看到孩子的缺点。孩子在上初三之前，成绩始终很好，但她却因为孩子缺乏生活技能、性格执着、交友困难等问题而感到失望。她很少夸孩子，因为她害怕夸奖会导致孩子骄傲自满，她经常会唠叨那些她所认为的"缺点"。我引导她去察觉自己在生活各方面是否有完美主义倾向。她不认同，她认为自己对孩子要求不高，不认为自己是完美主义者。最终经过测评，这位妈妈不得不承认，自己的完美主义非常严重。

对于这类追求完美的父母，我通常建议他们"抓大放小"——抓住主要问题而忽略次要的细节。如果孩子已经表现出厌学的情绪，并且已经对学习失去了兴趣，你还继续关注细节，只会让你们的关系愈发恶化，孩子会陷入更深的愤怒和沮丧中，这对孩子的恢复和成长毫无益处。因此，你只能抓大放小。那么，什么是"大"呢？你与孩子之间的亲子关系、沟通方式以及家庭氛围是"大"。什么是"小"呢？比如，孩子是否每天按要求洗澡、刷牙，是否能玩一小时手机后稍作休息，是否坚持健康饮食……这些细节在你看来可能都很重要。然而，如果你实在无力兼顾这么多，那么在现阶段，你必须放下对这些小事的控制和要求。我经常告诉家长："孩子一个月不洗澡，天塌不下来的。"但是，如果你每天因为洗澡的事跟他起冲突，你所做的修复亲子关系和赋能的努力，可能就白费了。

第二要诀：关注孩子在过程中展现出的态度，而非最终的结果

完美主义的家长往往过于关注孩子的表现和结果。家长的情绪很容易受此影响，进而忽视了孩子在过程中付出的努力和展现的品质。孩子可能付出了努力，但结果仍然不尽如人意，若父母不问缘由，仅因结果不佳就对孩子进行责骂和批评，那么孩子肯定会感到愤怒，并认为生活是不公平的，没有人理解他，最后可能破罐子破摔，彻底"躺平"。因此，<u>完美主义的家长，应从关注"结果"，转变为关注孩子在做每件事情过程中的态度和品格。</u>这样即使结果不佳，家长仍可能发现孩子身上的可圈可点之处。

我儿子读初一的那个暑假，和朋友约好一起出去玩。我允许他带着手机出去，并把开机密码改成了他的生日，以方便联系。回家之后，儿子把手机交还给我，我又把密码改了回去。第二个星期，他又约同学出去玩。回家之后，他主动向我坦白，说自己上周出去的时候，偷偷设置了人脸识别开机。在这一个星期内，他偷偷玩了五次手机。不过每次时间不长，都是趁我洗澡的时候，他偷玩十几分钟。

如果我只关注结果的话，我肯定会生气，甚至可能大发雷霆："你胆子不小，竟然背着我干这种事情！"如果我这么做，孩子恐怕再也不会主动承认错误了。但实际上，我大大地肯定了孩子的行为和态度——他主动承认错误，非常勇敢，很有担当，内心有明确的是非观，能够战胜手机的诱惑。虽然儿子起初确实犯了错，但他敢于面对自己的错误，这种态度值得表扬。

这个事件最终以删除人脸识别设置，孩子内心如释重负，激动地与我拥抱而结束。

再分享一个关于复学的例子。

我曾帮助过一个孩子，她在休学 9 个月之后，终于决定重返校园。但是在复学初期，她每天都需要克服内心的恐惧和焦虑。她的妈妈很了不起，几乎每天早晨都陪着女儿在学校附近绕圈，有时甚至转上一小时，女儿才能鼓起勇气走进校园。但偶尔，孩子也会在转了几圈之后打退堂鼓，决定这天请假。妈妈并没有因为孩子没能克服恐惧而指责她，相反，妈妈选择陪伴孩子一起度过每天早上的艰难时光。无论成功与否，妈妈总是肯定孩子在这个过程中的态度，她总是说："妈妈知道你是想上学的，当下你感受到的恐惧和焦虑也是真实存在的。你很努力，没有放弃去突破现状。即便今天决定请假，在妈妈眼中，你依旧是胜利者"。这个孩子经历了 2 个月的这般挣扎之后，内心的力量愈发强大，恐惧和焦虑也逐渐消散。

因此，家长在面对孩子的表现时，不应只看结果，而忽视其在过程中的努力。孩子的成长往往是一个循序渐进的过程，我们要善于看到孩子每一次的进步和坚持，而非仅仅纠结于那些表面上的不足。

持续的赞赏能够让孩子感受到真实的爱、支持和鼓励，逐渐积累信心，并帮助他们从低迷、消极的状态中走出来，重新振作，迈向更加积极的未来。

复学攻坚

从休学低谷到重返校园

第十二章

CHAPTER 12

动力恢复：
帮孩子找到学习使命感

当父母将自身角色从拥有者转变为建造者，并开始正视婚姻关系，亲子关系得到了初步的重建和恢复，能够通过正确的赞赏给孩子赋能之后，接下来的任务便是协助孩子找到未来的方向，进而恢复他们的动力。

许多孩子会发表这类观点或提出这类问题：

○ 我实在不明白我为什么要去上学！
○ 难道考进一所好大学就那么重要吗？
○ 我将来难道不可以过最简单的生活吗？只要有一个很小的房子住，有一口饭吃就行了。
○ 我不知道我未来到底想干什么，我好像对什么都不感兴趣。
○ 我不知道活着的意义是什么。

这是孩子们经常提出的问题，也是他们内心深处的呐喊。他们很难接受家长的那套理论：好好学习，才能考入好大学，考进好大学，将来才能有份好工作，你才能过好日子。对很多孩子来说，如果为了获得未来的好生活，需要从小到大在学习和生活上付出巨大努力、忍受极大煎熬，那么他们宁可不要所谓的"好生活"。更何况，"努力学习，考入好大学"并非通往好生活的充分必要条件。

如果一直找不到让自己信服的答案，孩子可能会长时间处于迷茫、无力的状态。因此，在本章我们将一同探讨如何帮助孩子找到前行的方向。

应对"空心病"的好办法

1."空心病"的具体表现

心理咨询师徐凯文在一次公开演讲中提到了一个概念——"空心病"。他指出，这个词虽然是比喻，却准确描述了一种正在悄然蔓延的心理现象。这种心理问题没有明显的情绪低落或行为异常等表现，而是悄无声息地侵蚀着一个人的内心世界。

与传统意义上的精神障碍不同，空心病患者往往看起来并无太大异常：在外界的评价中，他们表现"正常"，没有情绪低迷、思维迟缓或睡眠障碍等症状。表面上，他们可能看似快乐、忙碌、成功，但内心却可能充斥着空虚感和无聊感，缺乏意义感。长此以往，这种心理空虚感会逐渐侵蚀其生活的方向感，严重时可能导致抑郁甚至自杀。

<u>空心病的深层次问题在于，当一个人缺乏理想、信仰和价值观时，他的内心世界可能就会崩塌，难以找到人生的价值与意义。</u>空心病不仅仅是个人的痛苦，也是对现代社会和文化的一种深刻反思。

空心病在很大程度上可以被视作"时代病"，它是当今社会快速发展和竞争日益激烈的产物。在一个信息过载、压力陡增的时代，许多人感到前所未有的焦虑与迷茫，缺乏明确的方向感和人生目标。这种状况往往让他们产生自我否定和失落感，长此以往，可能导致其生命意义感的丧失，甚至引发严重的心理危机。

一些深受竞争和"内卷文化"影响的孩子，空心病的症状尤为明显。在"学习是竞争出来的"这一教育理念的影响下，很多父母过度强调孩子的"成绩"和"成功"，而忽视了他们内心的情感需求与价值追求。空心病在青少年群体中有以下两种表现：

（1）对评价的深深恐惧

无论是期中、期末考试，还是平日里的作业成绩，对于孩子来说，所有的评判都成了巨大的心理负担。这种评价恐惧使他们在面对任何形式的考试时，都充满了焦虑和担忧。每一次评估都不仅是对他们学业的评价，更是对其自我价值的审视。他们担心失败，担心被人嘲笑，即便成功了也难以感到满足，因为他们知道，成绩的背后是一种对"合格"标准永无止境的追求。在这种焦虑的驱使下，他们的内心难以获得真正的平静和满足。

（2）被迫做自己厌恶的事情，进而陷入自我厌恶

孩子觉得自己做的所有事情几乎都没有内在的意义或价值。他们努力学习，不是因为热爱知识，而是为了迎合外界的评价标准，是为了获得家长、老师或社会的认同。在这个过程中，他们感到自己的每一分努力都是无意义的、机械的、没有创造力的，这种心理压迫会逐渐让他们对自己产生强烈的厌恶。他们对自己越来越没有信心，甚至会怀疑自己的存在价值。

要想帮助孩子摆脱空心病，家长必须引导孩子找到自己真正热爱的事情，从生活中收获成就感。

2. 引导孩子找到方向

我曾辅导过一名高二男生小戴。他在学校一直表现出色，不仅成绩优异，而且多才多艺，是老师和家长心中的优等生。然而，到了高二上学期，他的状态突然急转直下。一直以来，他都遵循母亲的教导，在学习上全力以赴，始终保持学业上的优秀表现。但进入高中后，他逐渐开始觉得自己是个失败者。

小戴与同桌的生活方式和学习方法截然不同。同桌有着许多兴趣和爱好，每到周末，他总会和朋友们相约打篮球。每当同桌谈及篮球比赛的激烈瞬间，时间仿佛都静止了，而他眼中闪烁的兴奋与热情深深地感染了小戴。相比之下，小戴从未有过这样的体验。同桌不仅在体育上有特长，学业上同样表现不俗。尽管他看似没有像小戴那样用功，但他的知识面广泛，且对社会时事和人生有着独到的见解。

小戴开始意识到，在母亲的传统教育模式下，自己像一个只知学习、缺乏生活经验的"书呆子"。而同桌生活经历丰富、视野开阔，既有广度，也有深度。小戴渐渐陷入自我怀疑，觉得自己是个失败者，并开始认为母亲的教育方式是错误的。母亲一直期望他通过努力学习考入知名高校，毕业后成为公务员，拥有一份稳定的工作，而这一期望也潜移默化地成为他对自己的期待。然而，他从未深思过，这样的生活是否是自己真正想要的。

在迷茫中，小戴对学业渐渐失去了兴趣，开始反思自己过去的选择和未来的方向。每天的努力似乎都失去了意义，他开始感到焦虑和绝望。

我了解了小戴的成长经历和当前的困惑后，决定与他进行深入沟通，帮助他找到自己的兴趣和未来的发展方向。在交流中，我得知他从小在学校各类活动中担任主持人，并且表现突出，深受老师和同学的好评。他也非常擅长演讲和辩论，多次获得奖项，从中获得了成就感和自信。更重要的是，他真心热爱这些活动，享受其中的乐趣。

当谈及未来时，他明确表示，自己并不打算成为公务员，而是想成为一名主持人。我问他为何不坚持自己的梦想，为什么不敢向母亲表达，他坦言，家人一直认为主持人这个职业与娱乐圈关联紧密，不算是"正经"职业，而且是吃青春饭的，没有长远的发展前途。当他谈到这些时，眼中不自觉地流露出一丝忧伤。

小戴表示，他之所以对上学失去兴趣，是因为过去的十几年里，学习的唯一目的就是应付考试，取得好成绩，自己的个人能力并没有得到提升。他感觉自己变成了一个"考试机器"，除了应试知识，一无所知。这样的学习方式让他对未来的生活感到迷茫和无望。

之后，我让他做了多元智能测试。结果显示，他在语言智能方面具有显著优势，这与他主持和演讲的特长相吻合。因此，我鼓励他和母亲深入沟通，探索他的兴趣所在，并了解播音主持专业的相关信息。

经过一番调查，他们发现了中国传媒大学的播音与主持艺术专业。找到了自己真正感兴趣的方向后，小戴和母亲达成了一致意见。母亲为他办理了理科转文科的手续，小戴也回到了学校，开始为高考的文化课和专业课做准备。暑假，小戴参加了播音主持的集训。小戴因此受到了极大的激励，很快从迷茫、无力的状态中走了出来。

这个案例很具有代表性。在我接触过的许多家庭中，父母在养育孩子的过程中，常常忽视了孩子的兴趣、梦想和内心渴望，将自己的期望和计划强加给孩子。在日复一日单调的学习和生活中，孩子的眼中逐渐失去了曾经的光彩，原本鲜明的梦想也变得黯淡无光。被迫过着自己并不喜欢的生活，孩子无法从内心认同自己被安排的人生轨迹，这样的状态使他们感到无力、沮丧和迷茫。

当孩子的内心充满困惑和挣扎时，打破现状的渴望促使他们反抗。此时，父母需要放手，尊重孩子的个性，允许他们追求自己的梦想，给予他们发挥天赋和特长的空间。这就要求家长在教育过程中，时刻留意那些能够激发孩子兴趣、让他们获得成就感和满足感的活动。这些往往就是孩子的天赋所在。

发现孩子的特长后，家长应鼓励孩子多尝试，提供培养机会，这样孩子未来更有可能在这些领域结出丰硕的果实。

<u>在引导孩子寻找适合他们的发展方向时，家长不应固守"读书是唯一出路"</u>的观念。俗话说，三百六十行，行行出状元。在当今社会，如果孩子能够掌握一项自己热爱且为社会所需要的专业技能，未来同样会过得很充实、快乐且有意义。

我曾服务过一个家庭，孩子在中考时未能取得理想成绩，只能进入一所普通高中就读。开学后，孩子对校园环境和教学质量感到极其失望，萌生了辍学的念头。妈妈对此感到十分无奈。妈妈问儿子："你不上学，那你打算干什么呢？"孩子说："我去读烹饪学校，将来当厨师。"这位妈妈实在无法接受一个本可以继续读高中，将来有机会读大学的孩子，选择成为厨师。

与孩子详谈之后，我发现他选择当厨师并非一时冲动。他从小就对烹饪情有独钟：小学一年级时就能自己煮面条和煎蛋；到了小学五年级，已经能够准备两菜一汤来款待小伙伴了；到了初中，当家中有客人来访时，孩子能准备四五个菜肴。父母对孩子的厨艺也感到惊讶，因为孩子都是在烹饪软件上自学的。孩子表示，以自己的学习能力，即便能坚持读完高中，最多也仅能考上大专，考入一所好大学的可能性微乎其微，那么为何要浪费高中三年的时间呢？他完全可以去读一所专业的烹饪学校，毕业后直接就业。

尽管这个孩子只有15岁，但他对自己的未来已经有了明确且长远的打算。孩子的想法，实际上是一个更符合他实际情况的选择。

事实上，当下社会对专业技能人才的需求日益增长。厨师、水电工、理发师、机械操作师等技术岗位的用工需求和薪酬待遇，甚至超过本科毕业生。

既然如此，为什么家长仍然对读大学如此执着呢？如果孩子确实有读书的天赋，那么家长自然要全力支持；反之，如果孩子不适合读书，那么我们应放下执念，尊重孩子的兴趣和天赋，尽早帮助他们规划未来。

应对拖延症和无力感的好办法

对于已经对学业缺乏兴趣或内驱力不足的孩子而言，拖延症和无力感成了他们日常生活中不可忽视的问题。甚至很多复学后的孩子，仍受这些问题的困扰，导致复学困难重重。

1. 拖延症和无力感的具体表现

（1）拖延

拖延是厌学孩子的一大特征，尤其表现在作业、复习、预习等学业任务上。尽管孩子知道这些任务的重要性，仍然会不断拖延，直到最后一刻才开始行动。这种拖延有时伴随着一些"借口"——"我先休息一下""我需要更多的时间思考"或者"今天的状态不太好，明天再做"。表面上看，孩子似乎没有动力去学习，但实际上，这种拖延是他们情绪回避的表现。

拖延症的核心是回避：孩子拖延的不是任务本身，而是与任务相关的压力、焦虑和无力感。 当孩子面对一个自己难以完成或者觉得没有意义的任务时，会通过拖延行为来缓解由此产生的焦虑等负面情绪，即表现为一再推迟任务的完成。长此以往，任务不断积压，压力不断累积，孩子会陷入更强烈的焦虑之中，这就形成了一个恶性循环。

（2）低效的学习状态与认知偏差

虽然孩子坐在书桌前，似乎是在学习，但实际上，他们的注意力大多并没有集中。很多厌学的孩子在学习时无法高效投入，即便完成了部分任务，也常常显得心不在焉，做事三心二意。课本旁的手机、平板电脑或游戏机，常常分散他们的注意力，成为诱惑的源头。

这种低效的学习状态不仅使孩子的学习进度严重滞后，还加剧了他们内心的焦虑。孩子可能会感到自己明明很努力，结果却越来越差，甚至明知有些任务不能完成，依然一拖再拖。这种心态上的冲突和认知上的偏差，往往会让孩子觉得自己无法掌控局面，进而产生更深层次的无力感。

（3）情绪波动与心理压力加剧

在饱受拖延症的困扰后，孩子常常会出现一系列情绪问题，特别是焦虑、烦躁和抑郁等。当作业堆积成山时，孩子往往会感到自己无力应对这份沉重的任务压力，焦虑情绪迅速蔓延。由于长期的拖延，孩子很容易陷入自我否定和自我怀疑，觉得自己不仅无法完成任务，还失去了学习的动力和方向。

焦虑不断累积会导致情绪低落和身体不适，甚至可能影响孩子的睡眠和饮食，从而陷入恶性循环。对于某些极度厌学的孩子来说，学业压力甚至成为他们逃避现实的原因。他们可能会表现出对未来的不确定感，对自己的未来感到迷茫，这种情绪的沉淀最终会转化为一种深刻的无力感。

（4）缺乏目标感与内驱力

厌学的孩子常常没有明确的学习目标或未来规划。他们可能没有找到自己感兴趣的方向，或者在家长和教师的期望中迷失了自我。这些孩子的学习多半是为了满足外界的要求，而非自我驱动。目标感的缺失，使得学习对他们而言没有任何意义，反而成为沉重的负担。

当孩子不能看到自己的努力与未来成就之间的联系时，他们自然会失去学习的动力，甚至对学业产生强烈的抵触情绪。这时，产生拖延症和无力感便是他们的自然反应。他们不再关注任务本身，而是被无法避免的压力和无意义感所困扰，最终选择逃避而非面对。

2. 拖延症与无力感的成因

（1）自我效能感较低

自我效能感是由著名心理学家阿尔伯特·班杜拉提出的概念，指的是个体对自己在特定情境下完成某项任务的能力的信念。拥有高自我效能感的孩子通常相信自己能够克服困难，顺利完成任务；而低自我效能感的孩子则会觉得自己不具备解决问题的能力，因而产生回避行为。

对于厌学的孩子来说，他们通常经历过一段学习失利或者无法达成目标的时期，导致他们对自己的能力逐渐失去了信心。每当面临新的任务时，孩子首先想到的是"我做不到"，而不是"我应该怎么做"。这种消极的认知和低自我效能感，成为拖延症和无力感的根源。

研究表明，自我效能感低的孩子，往往缺乏面对挑战的勇气和毅力。即使有时他们知道自己应该采取行动，内心的恐惧和焦虑也会让他们选择回避，他们认为自己无论如何努力，也无法取得成功。因此，拖延成为他们应对不确定性的"防御性"行为。

（2）持续的压力与情绪管理不善

孩子所面临的学业压力、家庭期望以及外部竞争环境，常常让他们感到沉重。尤其是对于那些本身就容易焦虑的孩子来说，持续的压力往往加剧了他们的负面情绪。由于缺乏有效的情绪管理策略，孩子只能通过回避任务来缓解压力，而这种回避行为又导致了更多的拖延。

当孩子未能学会有效管理自己的情绪时，焦虑、恐惧和不安就会成为日常的情感体验。这些情绪不仅影响他们的学习效率，也会加剧他们的无力感，甚至让孩子在面临考试和学业挑战时产生逃避的想法。

（3）外部动机与内驱力的失衡

许多孩子的学习动机更多来源于外部的压力，如父母的期望、老师的要求和同龄人的竞争，而非内心的兴趣和好奇心。长期处于这种外部动机驱动的状态中，孩子逐渐觉得学习失去了意义，他们对学习不再有自发的兴趣。这种缺乏内在动机的学习方式，很容易让孩子产生无力感，他们会觉得自己的努力仅仅是为了迎合别人，而非为了自己。

（4）负面的自我评价

一些孩子在长期的失败经历中，逐渐形成了负面的认知偏差。例如，他们可能会认为"自己就是不行"或者"无论多努力也没有用"。这些认知偏差加深了孩子的无力感，使他们不愿意付出努力，因为他们预设的结果就是失败。对学习的回避，实际上是他们自我保护的一种策略，以避免再次经历失败和打击。

3. 有效的解决方案

本书第八至十一章中，已经从改善情绪、激发内在动力、建立支持性环境等方面提供了很多建议。这些建议对于缓解孩子的拖延症和无力感均能起到一定积极作用。下面我将介绍另一种行之有效的方法——提升孩子的自我效能感。提升自我效能感有两个关键步骤：

第一步：设定具体、可达成的小目标

将学习任务分解成一个个易于管理的小任务，是提升孩子自我效能感的关键。通过这样的方式，孩子能在较短的时间内完成任务，收获成就感和自信心。这些小的成功积累起来，能够大大增强孩子的自我效能感，转变他们对学业的看法。

小飞放学后想到有一大堆作业等着他，就不想动了，他感到完成任务十分困难，还不如"躺平"算了。这时候，妈妈走过来看了看作业任务清单，故作惊讶地说："今天作业有点多呢！难怪你难以下笔。来，妈妈帮你看看。这些作业当中，你觉得哪几项做起来会比较容易，是你喜欢做的呢？"（注意：

妈妈先进行了共情，然后以提问的方式进行引导，而不是直接提建议。）

小飞想了想回答道："英语和数学做起来应该挺快的。我最讨厌语文的抄写作业，费时费力。我要是都完成的话，今天晚上得做到12点。"

妈妈赶忙接住小飞的话："那咱们就先完成英语和数学呗。语文能不能完成，到时候看情况，如果太晚了，就不做语文了。"

小飞欣然接受了妈妈的提议，因为他知道自己可以轻松、很快地完成英语和数学作业。他只花了40分钟就完成了这两项任务。

完成英语和数学作业后，小飞发现时间还早，才20：30，之前的烦躁、无力感一扫而空。他又花1小时把语文作业也完成了。

小飞妈妈做对了什么呢？她认同孩子的情绪之后，帮助他把任务进行了拆解，让孩子先完成简单、容易且耗时短的任务，这样能给孩子带来积极的反馈和满足感。而最终完成所有作业时，小飞对自己更有信心了。

(第二步：提供正向反馈和鼓励)

正向反馈是提升自我效能感的重要手段。孩子需要在学习过程中得到及时的表扬与鼓励，而不是仅仅在最终成果上得到评价。即使孩子的表现不完美，父母和老师也可以通过关注他们的努力和进步，给予积极的反馈，帮助孩子意识到自身的潜力和成长。

比如，在小飞完成了英语作业时，妈妈说："哇！你学的时候一定很认真，才能这么快把英语作业完成。"在小飞完成了数学作业时，妈妈说："你的效率真高，妈妈太欣赏这种专注的态度了。"

这种关注努力而非结果的反馈方式，可以帮助孩子建立自信，增强他们继续努力的动力。所以，小飞最后主动把之前不打算做的语文作业也完成了。

家长在帮助孩子提升自我效能感时，应避免一开始就设定过高的期望，因为过于繁重的任务可能会使孩子产生挫败感。我们应采取循序渐进的方式进行引导。例如，当孩子对繁重的作业感到无力时，可以先将任务拆解，鼓励孩子从最简单、最感兴趣的一项作业开始。完成后，及时给予正向鼓励，帮助孩子意识到完成一项任务并不像想象中那样困难，且所需时间并不长。随着时间的推移，孩子会逐渐建立起对自己能力的信心。接下来，可以逐步增加挑战，例如询问孩子是否愿意尝试完成两项作业。通过这种逐步增加任务量并及时鼓励的方式，家长能够有效提升孩子的自我效能感，帮助他们摆脱拖延症与无力感，进而更积极地面对学业挑战。

如何让孩子愿意接受心理咨询

很多家长向我求助时会直接说："我带孩子来见您，您帮我劝他去上学。"面对这样的请求，我通常会告诉家长，现在可能还不是时候，主要有两个原因：一是大多数厌学、沉迷电子产品甚至选择"躺平"的孩子不愿意主动见心理咨询师。无论家长采取什么方法，他们都很难被说服。二是我通常需要先与家长深入沟通，全面了解孩子当前的状况，包括成长经历、是否遭受过创伤、家庭亲子关系、父母性格和养育方式等。这些信息能帮助我更好地掌握孩子的情况，为接下来的咨询奠定基础。如果孩子愿意来见我，我能更有针对性地提供帮助。

1. 为什么孩子不愿意见心理咨询师

明明孩子那么痛苦、无力、混乱、迷茫，却不愿意见心理咨询师，原因通常有以下八点。如果家长曾经尝试带孩子去见心理咨询师，但被拒绝，可以结合对孩子的了解，分析哪些原因可能符合孩子当时的想法。

（1）他觉得自己没有问题

许多孩子认为自己并不需要接受心理咨询，他们觉得自己只是在经历一段不开心的时光，并且认为这些问题都可以自行解决。

（2）他觉得心理咨询师无法帮到他

孩子可能认为心理咨询是没有实际效果的，尤其是当他之前没有获得任何实质性的帮助时，更容易产生这种想法。

（3）曾经的心理咨询经历给他留下了负面印象

如果孩子曾接触过某些不适合他的心理咨询师，或有不愉快的咨询体验，可能会对心理咨询产生恐惧或误解，认为心理咨询毫无意义。

（4）病耻感作祟

孩子可能认为去见心理咨询师、精神科医生就等同于自己"脑子有病"，这让他们感到羞耻或不愿意承认。这种误解源于对心理健康问题的偏见，认为接受心理咨询就等于被标记为精神病患者。

（5）害怕改变

有些孩子害怕在咨询过程中被"改变"。他们误认为心理咨询师会操控他们的内心，进而改变他们的性格或行为，而他们并不希望自己有所改变。

（6）与父母对抗

有些孩子可能仅仅是为了对抗父母，即便自己需要帮助，也宁愿拒绝咨询。对他们来说，问题的核心是与父母的关系，而不是心理咨询本身。

（7）担心增加家庭负担

孩子可能担心心理咨询费用过高，觉得自己接受心理咨询会给家里带来经济压力，加重父母的负担。

（8）不想"好起来"

您可能会对这个原因感到奇怪，但有些孩子确实不想好起来。表面上看，他们似乎很痛苦，但内心深处，他们认为自己的"痛苦"能让自己逃避很多社会压力。比如，不去上学、不面对成长的责任和挑战，甚至可以自由掌控自己的作息，尽情享受游戏。尽管这可能是消极的逃避方式，但对他们而言，这种"自由"看起来比康复后必须面对的责任更有吸引力。还有另外一种可能是，孩子在痛苦中找到了一种自我认同感。对这些孩子而言，心理痛苦并不完全是负面的，它给了他们独特的自我意识和对生命的深刻感悟。他们往往认为，只有在痛苦和挣扎中，才能真正理解生命的意义和价值。他们认为自己一旦好起来，就会失去对生活的深刻感知，变得像普通人一样过着"机械化"的生活。其实，这是一种误解，心理咨询的目的并不是要消除个体的独特性，而是帮助他们更健康地面对生活中的挑战，重新找回自我。

所以，如果孩子强烈拒绝去见心理咨询师，必定有其缘由，家长千万不要强行逼迫孩子去。我曾经见过许多案例，家长强行带着孩子去见心理咨询师，或者去见医院的精神科医生，结果孩子自始至终一言不发，致使咨询完全没有办法进行下去。俗话说，"强扭的瓜不甜"，让孩子去做心理咨询这件事，必须得他自己愿意，才能有效果。

2. 怎么才能让孩子愿意接受心理咨询

对于向我寻求帮助的家庭，我通常会为他们制订一个分阶段的方案。方案是根据孩子的个体情况以及家庭的亲子关系量身打造的，每个家庭的方案都会有所不同。然而，<u>一般来说，所有方案的第一个阶段都以恢复亲子关系为核心目标</u>。在这一阶段，家长不应直接提出带孩子去见心理咨询师。相反，父母需要在专业的指导下，努力与孩子修复关系，重新建立信任，开始进行更深入的沟通。

无论亲子关系的现状如何,哪怕双方已经处于水火不容的状态,只要家长的言行能够让孩子感受到真诚的爱,感受到父母不想控制他,感受到无条件的接纳,亲子关系的修复和重建就有可能实现。

一旦建立了亲密的亲子关系和良好的沟通基础,家长就可以在适当的时机向孩子提出"去和心理咨询师聊聊"这一建议。提出建议时,家长务必选择合适的时机,避免在与孩子发生冲突时提出。

我的建议是,家长可以等待孩子主动谈论一些让他困扰或痛苦的事情。当孩子表达出自己的情绪时,家长可以进行共情,然后坦诚地说:"孩子,谢谢你愿意跟我分享这些,妈妈能感受到你现在的迷茫和痛苦。你希望能从这些困境中走出来,但又感觉无能为力。妈妈很希望能够帮助你,但我并不是这方面的专业人士。如果你愿意的话,我可以帮助你找一位经验丰富的心理咨询师,你可以和他聊聊。"

大多数孩子在这种情境下是愿意尝试的。但是,也有少部分孩子可能仍然会拒绝。如果孩子拒绝了家长的提议,我通常会采用以下两种方案来进一步引导孩子:

方案一:我会为孩子特别录制一段视频。在视频中,我会告诉孩子,我从他父母那里得知了一些关于他当前困境的信息,我真心希望能够帮助他,并且能够理解他的感受。最后,我会请他给我一个机会,看看我是否能为他提供帮助。

方案二:我会根据孩子的兴趣爱好,为他准备一个小礼物。在礼物盒中,我还会放入一封信。在信中,我会表达我的关心,并鼓励孩子考虑接受心理咨询的建议。许多孩子会被这样的礼物和信件打动,心态也会更加开放。

会不会已经太晚了

我经常遇到这样一些家长,他们的孩子已经读高中,甚至步入大学了,二十多岁的年纪,却"躺平摆烂"了。这些家长最担心的是孩子已经这么大了,家长现在想要做出一些改变和调整还来得及吗?我曾遇到过一位极为典型的"躺平"青年,他从19岁开始,一直"躺平"到27岁,整整8年的时间都未曾离开过家,不读书、不工作、不社交。

在解答家长的问题之前,我们先来深入剖析青年时期孩子的心理发展特征和需求,以及可能导致他们陷入"躺平"状态的关键因素。

青年时期,也称为成年早期,通常指18~25岁这个年龄阶段。青年时期是个体在生理、心理、社会层面都发生显著变化的关键时期。进入这个阶段的年轻人往往面临从依赖向独立过渡的挑战,同时也需要应对许多情感、职业、生活和社会压力。在这一时期,部分年轻人可能表现出"躺平摆烂"的行为,**其根本原因通常与个体在责任感、独立性、情感支持以及职业规划等方面的困惑,以及缺乏有效的应对策略密切相关。**

1. 青年时期的关键任务

青年时期的核心任务之一是实现从青少年时期的依赖向独立个体的转变。这一转变不仅仅局限于经济和生活上的独立,更多的是心理和情感层面的自我认同与成熟。在这个时期,孩子需要完成以下关键任务:

(1)身份认同的巩固与自我定位

青春期是个体确立身份认同的关键期,而青年时期则是个体巩固身份认同的时期。年轻人在这个阶段会重新评估自己的价值观、世界观和人生目标,尝试明确自己在社会中的角色。这一阶段的个体往往经历深入的自我探索,个人目标也在不断变化。

（2）独立性与自我管理能力

青年时期的个体开始担负起越来越多的社会责任，如经济独立、职业规划、重大决策等。心理学家爱利克·埃里克森在其心理社会发展理论中指出，个体在青年时期的主要任务是从"亲密感与孤独感"的对立中走向健康的亲密关系，并且建立一定的责任感。

（3）情感发展与亲密关系

此阶段的年轻人开始进入长期关系的探索阶段，包括恋爱、婚姻以及建立家庭等。如何处理亲密关系中的冲突，建立健康的依恋关系成为重要的心理任务。

（4）职业选择与社会角色

步入成年，很多年轻人开始面临职业选择和职场适应的压力。如何选择一条合适的职业道路，并在职场中实现自我价值，也是青年时期的重要课题。

2. 青年"躺平"的原因

青年时期出现的"躺平摆烂"现象并非单纯的懒散或不负责任，而是因为个体在面对巨大压力时感到无力或无从下手，最终选择了逃避或放弃。以下是一些可能导致这一现象的主要因素：

（1）独立性缺失与责任感不强

青年时期的个体面临生活和工作的双重挑战，许多人可能因为缺乏必要的自我管理技能（如时间管理、财务管理等）而感到力不从心。当经济压力、社会压力和情感压力交织在一起，个体就可能出现过度焦虑或逃避的心理反应，表现为"躺平"或"不作为"。我曾经遇到一个孩子，他自幼生活的各方面均受到母亲的悉心照顾，被安排得十分妥帖。他19岁高中毕业后赴海外求学，突然感到生活失去了方向和依靠，因为所有事情都需要自己打理，这令他感到非常不适应。一个学期过后，他便决定放弃学业，回到家中。

（2）职业迷茫与未来焦虑

现代社会，年轻人面对日益激烈的就业竞争和社会的不确定性，往往在选择职业道路时感到困惑。加之信息过载和社会期望所带来的多重压力，许多人在这一阶段会经历"职业迷茫"——不知道自己该做什么，也不知道如何开始。这种焦虑感可能让他们选择放弃努力，表现为缺乏动力和主动性。我曾辅导过一位大学生，他在高中选科时，遵从父母的建议选择了理科，因为理科就业前景较好。在填报高考志愿时，他选择了计算机专业。然而，进入大学后，他发现自己对那些枯燥的专业课程并不喜欢，甚至心生厌烦。实际上，他本人对文学情有独钟，这样的专业选择使他觉得再也无法追求自己热爱的事业，导致他的动力逐渐消退，开始逃课，最终所有专业课程都未能通过考试。

（3）情感困境与亲密关系挑战

青年时期，个体面临从依赖父母到建立亲密关系的转变。对于某些人来说，这一过程充满挑战，可能遭遇情感上的孤独、迷茫，以及人际关系的困扰。由于缺乏情感管理和沟通技巧，部分年轻人可能会感到困惑与无助，并进一步退缩、放弃努力，甚至陷入自我隔离的状态。我遇到过许多大学生和高中生，他们之所以不愿意上学，是因为在学校经历了失恋，遭受了巨大的情感挫折。这类孩子在原生家庭中，亲子关系大多不够亲密。甚至在某些家庭中，孩子的情感世界近乎一片荒漠。进入青年时期，当遇到心仪的对象时，他们便把对于亲密关系和情感的渴求全部倾注到恋人身上，可一旦遭遇失恋的打击，他们就会痛不欲生，甚至开始怀疑人生的意义。

（4）经济压力与生活负担

现代社会的经济压力让很多年轻人在成年伊始就感受到了沉重的负担。学费、房租、生活成本等现实问题使得一些年轻人对未来产生悲观情绪，感到前途渺茫，最终选择放弃追求，导致"躺平"或"摆烂"现象的出现。

（5）社交媒体与现实的脱节

在信息化、社交媒体盛行的时代，许多年轻人通过网络展现自己的生活，但这种"虚拟生活"往往与现实脱节。当现实生活中的压力与社交媒体上展示的完美形象差距过大时，部分年轻人可能产生较强的焦虑感，导致对现实产生逃避心理。

3. 如何帮助"躺平"青年

为了帮助年轻人有效应对青年时期的挑战，防止"躺平摆烂"现象滋生，以下五个方面的支持和干预尤为重要：

（1）增强独立性与自我管理能力

通过情感支持和技能训练，帮助年轻人提高自我管理能力（如时间管理、情绪管理和财务管理等）。父母在孩子离开家庭（这里指去大学读书或进入社会从事工作）之前，有意识地为他们创造空间和机会，让他们承担适当的责任，培养他们独立思考和自我决策的能力。此外，还可以通过组织生活技能培训、传授工作经验等方式帮助他们逐步适应社会角色。

（2）情感支持与心理辅导

给在情感和亲密关系中存在困扰的年轻人提供必要的心理辅导和情感支持至关重要。家庭成员和朋友应成为他们情感上的支持系统，帮助他们在面对困境时保持情绪稳定。同时，通过心理辅导，帮助年轻人认识到情感困扰是成长过程中的正常现象，学会妥善处理情感问题，建立健康的亲密关系。

（3）职业规划与自我探索

职业迷茫是青年时期的一个常见问题。为年轻人提供职业规划指导，帮助他们从自我兴趣、能力和市场需求出发，明确职业目标和发展路径。同时，鼓励他们多进行实践探索，如实习、志愿者活动等，帮助他们积累经验、提升职业技能，并逐步建立自信。

（4）制订具体目标与行动规划

帮助年轻人设定清晰、具体的短期和长期目标，并制订行动计划。具体、明确的目标设定，可以帮助他们在面对复杂的选择和压力时保持动力，有效减轻迷茫和焦虑情绪。此外，要着重培养目标导向型思维模式，鼓励他们通过分解目标、小步推进的方式，逐步实现个人理想，以缓解对未来不确定性的焦虑感。

（5）构建社会支持网络与社交关系

帮助年轻人构建健康的社会支持网络，不仅包括家庭成员，还包括朋友、同事和各类社会团体。通过建立稳固的社交关系，个体可以获得更多的情感支持、建议和帮助，缓解孤独感与无助感。社交技巧的培训和情感表达的提升也有助于他们在复杂的人际关系中找到自己的位置。

如果青年时期的孩子出现"躺平摆烂"的现象，父母此时能做的其实有限。在接下来的章节中，我们将深入探讨如何为孩子制定规则，包括生活作息、电子产品使用、家务劳动等方面。然而，对于一个在青年时期处于"躺平摆烂"状态的孩子来说，下一章中提到的方法可能难以直接应用。

<u>在这一阶段，父母最重要的任务是给予孩子接纳和理解。</u>此时的孩子并不需要长篇大论的说教，也不需要每日的唠叨，更不需要指责。若孩子选择退回家中，他们期望的并非教育和指责，而是一个避风港，一个暂时让他们逃避外界压力的安全之地。我们能做的，就是尽力给予他们关心、爱与支持。

我曾服务过一个家庭，他们的孩子在 20 岁时，因多门功课挂科而被学校作退学处理。孩子回到家后，将自己关在房间里，一天只吃一餐，且总是独自一人在房间里吃，不与父母交流。每天晚上，他都沉迷于打游戏，拒绝一

切社交活动。父母感到极度焦虑,不知道如何帮助孩子振作起来。经过一段时间的陪伴,这对夫妻的焦虑情绪逐渐得到了缓解。他们停止了一切说教、唠叨和建议,开始尝试接纳孩子。他们不再强迫孩子到餐桌前与家人一起吃饭,而是每天准备孩子喜欢的食物,轻轻敲一下孩子的房门,说:"桌上有你喜欢吃的菜,我们去锻炼了。"然后,他们会离开家,去小区散步。头三天,孩子并没有动饭菜,到了第四天,他们发现客厅的灯突然亮了。回到家后,他们发现饭菜已经被吃掉,碗盘也被洗净后整齐地放在了沥水篮里。随着时间的推移,父母与孩子之间的关系逐渐变得融洽、轻松。

终于,到了孩子生日那天。父母早晨起床后,悄悄地布置了客厅,架起了提前准备好的易拉宝,上面写着"你是我们的儿子,我们爱你",房间里挂满了彩色气球,桌上摆放着精心包装的礼物。然后,他们便去上班了。当晚上回到家时,孩子正坐在客厅等他们。看到父母进来,他突然跪下,泪流满面地说:"我不配你们这么对我,我是个混蛋。"父亲抱住他说:"孩子,我们理解你现在的痛苦和沮丧。不管怎样,你始终是我们最宝贵的儿子。如果有什么我们能为你做的,尽管告诉我们。"从那以后,孩子不再锁门,也不再沉迷于打游戏。他开始积极与父母讨论自己的未来、梦想和计划。半年后,孩子通过成人自考重新进入大学。

通过这个案例,我想告诉大家:<u>无论孩子现在多大,做正确的事,永远不嫌晚</u>。我们只需要把握住孩子内心深处的需求,用爱去打开他们那扇封闭已久的心门。每个孩子都有机会重新站起来。

第十三章 规则重建：从单方面制定到共同约定

CHAPTER 13

几乎每一位寻求帮助的家长，都会提到一个让他们头痛的问题：他们曾经按照书中或课程中学到的方法，尝试为孩子设立界限和规则，尤其是在电子产品使用方面；然而，无一例外地，这些规则往往形同虚设，孩子几乎完全不遵守。这些家长常常感到困惑，不明白问题到底出在哪里。到底该如何为孩子设定有效的规则与界限？在孩子不同的年龄阶段，该如何灵活地调整这些规则，确保其得到有效执行呢？这些问题值得我们深思和探讨。

爱和接纳，不够吗

有些家长推崇"放养式教育"，他们坚信每个孩子都有做正确事情的能力，因此认为，孩子不需要过多管教，只要给予足够的自由和爱，孩子自然会从中学会自律，并建立责任感，逐步成长为一个有担当的人。这类家长深受"以人为本"教育理念的影响。放养式教育的核心思想是，孩子在自由的环境中能够自行学会如何做出正确选择，发展出自我管理的能力。这一理念的底层逻辑，来源于一种对人类天性过度理想化的认知。它假设每个孩子都具备内在的智慧和判断力，能够自行分辨是非、设立目标，并努力实现这些目标。

第十三章 | 规则重建：从单方面制定到共同约定

这种表面看起来充满爱与信任的教育方式，忽视了孩子成长过程中对规则、结构和约束的需求。事实上，孩子并非天生具备充分的责任感和自律能力，尤其是在面对外界诱惑、复杂选择时，孩子的自我控制能力往往尚不成熟。没有父母适当设立的规则和界限，孩子很难培养起对责任的认知，更无法学会承担责任。

孩子的行为和思维并不是天生就趋向成熟，尤其是在他们的自我控制能力尚未充分发展时，他们的行为往往充满不确定性。尤其是青少年时期，孩子的大脑仍在发育，控制冲动、延迟满足、长远规划等能力尚未完全成熟。如果没有适当的外部框架和规则来引导他们，孩子很容易陷入短期诱惑的陷阱，忽视长远目标，甚至会出现拖延、逃避和不负责任的行为。

另外，放养式教育还存在一个严重的误区，即将"自由"与"放任"混为一谈。自由并不是没有任何限制的随意行动，而是要在明确的框架和边界内去探索和成长。孩子缺乏的不是自由，而是对自由的理解和管理能力。真正的自由，应该是能够在规定的范围内做出选择，而不是任由冲动和情绪支配自己的行为。

曾有一位母亲找到我寻求帮助。她的女儿小菲在从小学五年级升入六年级之际突然拒绝上学。经过深入了解，我得知这是一个三口之家，家庭经济条件非常优渥。自小菲小时候起，父母就为她营造了非常优越的生活环境。他们家定居于一线城市，拥有多处房产，爷爷奶奶、外公外婆都住得很近，经常轮流照顾他们一家人的日常生活。父亲是家庭经济支柱，而母亲则全职负责小菲的教育和培养。

母亲非常溺爱小菲，认为女儿非常聪明，任何她想做的事情都能做好。因此，母亲认为自己只需要提供足够的爱与支持，而不需要过多干涉孩子的成长。然而，随着小菲逐渐长大，尤其是10岁以后，她与父亲的关系开始变得紧张。父亲发现，小菲存在许多不良习惯，学习态度散漫，一旦接触到电子产品，就深陷其中，很难自拔。父亲对此深感不满，认为妻子对小菲过于溺爱，忽视了对孩子行为的管教和约束。因此，他决定亲自出面管教孩子。然而，每次父亲采取管教措施时，母亲便会加以阻止，认为孩子还小，等她长大了就会懂事了。

在这种完全不同的管教模式下，小菲学会了钻空子。她开始公开与父亲对抗，甚至在五年级时，联合母亲将父亲赶到另一处房子居住，不允许他与她们同住。她的理由是："爸爸让我不高兴，我不想看到他。如果爸爸不走，我就走。"为了哄小菲去上学，母亲竟然迫使父亲同意了女儿的要求。父亲心灰意冷，决定选择视而不见。

父亲搬出家后，小菲几乎成了家里的"女王"。母亲对她百依百顺，从不敢提出异议。五年级结束后的暑假，小菲拿着最新款的苹果手机，每天玩手机的时间长达十几小时。每当母亲提醒她注意用眼卫生时，小菲便大声反驳："我需要你管吗？"这样的情况一直持续到9月1日开学，暑假作业几乎没写，小菲提出想再休息几天。母亲原以为她只是想请一两天假，结果一两天假期变成了几周。

这个家庭堪称只重视爱与接纳，却缺乏规则和管教的典型例子。这种育儿方式导致了小菲完全以自我为中心，缺乏对自我和他人应承担责任的意识。她只关心自己的喜好和需求，完全没有意识到自己的行为会给自己及他人带来何种后果。这种缺乏规则和界限的教育方式，最终会导致孩子在成长过程中缺乏应有的责任感和自律性。

如果没有适当的规则和界限，孩子很难学会自我控制、承担责任，甚至可能失去应对挑战的信心和能力。真正有效的教育，应该是在为孩子提供自由与爱的基础上，给孩子设定适当的规则和界限，帮助孩子在有框架的自由中学会自我管理与承担责任，从而促进其身心健康发展。

如何制定规则

许多家长误以为，制定规则仅仅是家长单方面设定一套规矩，让孩子遵守。然而，这种做法是错误的，这种通常由家长单方面提出的规则，我称为"霸王条款"。这类规则没有经过与孩子的充分讨论，也未得到孩子的认同与同意。如果家长强行将这些单方面制定的规则强加给孩子，孩子通常难以接受，也难以执行下去。因此，在制定规则时，我的建议是：家长应与孩子充分沟通与讨论，确保双方达成理解和认同。具体步骤如下：

第一步：了解孩子的需求与想法

在孩子心情愉悦、情绪平稳的时候，与孩子坐下来讨论某个需要设定规则的事情。在此过程中，家长首先要仔细聆听孩子的需求和想法，不要急于插话或给出建议，也不要做出任何评价。家长应尽量做到倾听和理解，让孩子感受到自己被尊重。

第二步：复述孩子的想法

当孩子讲完之后，家长需要用自己的话复述一遍孩子所说的内容。这一步的目的是使家长确认自己听懂了孩子的想法，并且让孩子感受到自己的意见得到了重视和理解。

第三步：家长表达自己的想法

在孩子充分表达自己的意见后，家长可以分享自己的看法。此时，家长应当清晰、平和地表达自己对问题的担忧或期望，而不是指责孩子或强行灌输个人意图。理性表达有助于减少冲突，推动双方达成共识。

第四步：充分讨论

在这个阶段，家长与孩子就双方存在分歧的地方展开讨论，寻找一个双方都能接受的折中方案。在讨论过程中，家长应尽量保持灵活性，并尊重孩子的需求和感受。通过合理的妥协与协商，拟定一个双方都认可的方案。

第五步：确定后果

规则背后应当有明确的后果，否则，规则可能形同虚设。在确定后果时，家长应确保其有一定的约束力，让孩子意识到如果不遵守规则，会有相应的惩罚或失去某些权利。这个后果应当切实而有意义，避免轻描淡写。

小强刚升入初中，经过两个半月的暑假，终于重返校园。父母对孩子返校充满期待。但有一天，家长下班回到家时，发现小强把书包随意丢在一旁，正拿着平板电脑玩游戏，而且可能已经玩了将近一小时，完全没有要着手做作业的迹象。

在这种情况下，家长通常的反应是感到烦恼和焦虑，忍不住指责孩子："你现在已经是初中生了，怎么还像个小孩子？你不知道回家就该先做作业吗？这样下去你怎么能考上高中？"往往还伴随着批评、唠叨、催促等言辞。

如果按照上述五个步骤来制定规则，我们应该如何应对呢？

首先，家长应避免直接介入。回到家后，发现孩子在玩游戏时，可以先与孩子打个招呼："在玩游戏呢？好的，那妈妈去做饭，待会儿我们再聊。"在这种情况下，家长需要避免立即发火，因为之前可能没有为这件事设定明确的界限，因此现在也没有强行干涉的理由。其次，给孩子一些时间，等他游戏结束后，再坐下来平静地与孩子讨论。

第十三章 规则重建：从单方面制定到共同约定

吃完饭后，家长可以开始讨论："来，儿子，妈妈想和你聊一聊你每天回家后的时间如何安排。"

第一步：了解孩子的需求与想法。第二步：复述孩子的想法。

妈妈："我能感受到，你每天的学习任务很重，回家后确实需要放松一下。来，跟妈妈说说你的想法。"

小强："我觉得初中学习真的很累，今天上了好多课，我回到家觉得很压抑，想放松一下。我知道您看到我玩游戏可能会不开心，但是我觉得每天玩一会儿游戏，能让我轻松不少。"

妈妈："谢谢你告诉我这些，妈妈理解你每天很辛苦，回家想放松是很自然的需求。那你想每天玩多久呢？作业怎么办呢？"

小强："我想先玩游戏，再做作业，每天玩两小时。"

妈妈："明白了，你的想法是每天回到家先玩两小时游戏，然后做作业，是吗？"

第三步：家长表达自己的想法。

妈妈："我也来说一下我的想法好吗？你现在上初中了，作业比小学多，而且学科内容也变得更加复杂。妈妈担心你先玩游戏再做作业，可能会影响作业的完成质量，或者导致你晚上很晚才完成作业。所以，妈妈建议，能不能先做作业再玩游戏？"

小强："好吧，既然这样，我先做作业，再去玩游戏，但我玩游戏的时间您不能管我。"

第四步：充分讨论。

妈妈："好的，关于游戏的时间，我也希望能有所调整。你说你想玩两小时，但我觉得两小时有些长。毕竟完成作业可能需要两小时，你如果从晚上七点开始做作业，九点才能做完。如果再玩两小时游戏，到十一点才能睡觉，第二天可能起不来，精力会受到影响。你看能不能周一到周五每天玩一小时，周末玩两小时？"

小强："一小时能做什么啊？都不够打完一局呢！"

妈妈："哦，原来打一局游戏不止一小时，那你需要多长时间呢？"

小强："至少再加三十分钟，大概要一个半小时。"

妈妈："我明白了，那么如果周一到周五每天玩一个半小时，周末玩两小时，这样你能接受吗？"

小强："好吧，那就这样吧。"

第五步：确定后果。

妈妈："我们已经就平板电脑的使用制定了规则，妈妈要提醒你，如果违反这个规则，就要承担相应的后果。如果破坏规则，那么第二天就不能再玩游戏了。"

小强："好，没问题！"

这种基于充分沟通和共同商定的规则制定过程，不仅能够让孩子参与其中，还能增强规则的执行力。<u>孩子和家长经常就某领域内容发生冲突，往往是因为双方未在该领域设定明确的规则和界限。通过与孩子一起设定规则，</u>

家长能够借机重新确立并执行这些规则，避免冲突的升级。

孩子破坏规则后，家长怎么办

孩子破坏规则，往往让很多家长感到无从下手。许多家长认为，管教孩子就是责骂、批评，甚至动用体罚。然而，这些做法往往是行不通的。在深入讨论正确的管教方式之前，我们先来探讨一下四种常见的管教误区。为了便于说明，仍以之前提到的小强为例。假设妈妈和小强已经在前一天晚上就电子产品使用制定了明确规则，但第二天妈妈回家后发现，小强并未遵守规则先写作业，反而先玩了一个多小时的游戏。

（一）四种管教的误区

1. 放纵型

放纵型家长在面对孩子违反规则时，往往会说："你忘了昨天我们定的规则了吗？好吧，今天放你一马，下不为例，赶紧去做作业，我去做饭了。"

这种做法的根本问题在于家长自己也对规则视而不见，无法坚守设定的边界。当家长一次次"放孩子一马"，孩子就会逐渐意识到，家长设定的规则根本没有实际约束力，即使违反也不会带来任何实质性的后果。随着时间的推移，孩子会认为这些规则只是空谈，并不需要遵守，甚至在未来对所有规则产生抵触情绪。因此，家长一旦放纵，就容易导致规则形同虚设，无法让孩子真正意识到自己行为的后果。

2. 镇压型

镇压型家长在发现孩子违反规则时，通常会立即采取暴力、威胁的手段："你怎么又忘了昨天定的规则？今天就不给你玩了！以后再也不允许你玩游戏！"更极端的可能直接动手打骂孩子。

虽然这种方式在短期内似乎管用，孩子可能会因为害怕而立刻交出平板电脑，但这种方式带来的负面影响是深远的。

首先，镇压型做法会严重破坏亲子关系。即使之前花费了大量时间与孩子沟通和建立亲密关系，这种突如其来的暴力或威胁行为也会迅速让孩子产生反感和恐惧，从而破坏之前建立的信任和沟通基础。

其次，孩子可能变得表里不一，表面上为了避免惩罚而表现得乖巧，背地里却依然继续做自己想做的事。这种"变色龙式"的行为不仅无助于培养孩子的自律和责任感，反而使他们在面对规则时采取对抗和隐瞒的态度。

3. 消耗型

消耗型家长常常采取反复唠叨的方式，像《大话西游》里的唐僧一样不断絮絮叨叨。例如："儿子，你怎么总是这样？昨天我们明明定了规则，你今天又忘记了。再给你五分钟，五分钟后把平板电脑交给我。"五分钟后，家长又继续提醒："时间到了，快把平板电脑给我！你每次都这样拖延，什么时候才能做出改变？"

这种情况往往会让家长的耐心彻底消耗，甚至可能最终演变为暴力对抗，致使家长情绪爆发。孩子在这个过程中逐渐摸清家长的脾气和底线，学会了拖延时间、消耗家长的耐心。

这种方式不仅使得规则形同虚设，还会导致孩子无法意识到自己行为的后果，他们会通过"拖延战术"让父母屈服。长此以往，孩子不仅无法建立起责任感，反而会越来越依赖父母的干预，缺乏自主性。

4. 贿赂型

贿赂型家长在孩子违反规则时，往往采取用奖励换取孩子服从的方式："宝贝，你现在就把平板电脑放下，妈妈奖励你买那双鞋子，只有你守规矩，我才会答应。"

这种做法的问题在于，它把让孩子做正确的事情变成了一种交易，使得孩子只有在得到物质奖励时，才会遵守规则，否则就没有动机去履行约定。这种方法会严重影响孩子内在动机的培养，孩子可能会逐渐失去遵守规则的内在驱动力，变得只关注外部奖励，而不考虑行为的长远影响和道德责任。

（二）管教的正确方法：逻辑后果法

那么，作为家长，当孩子破坏规则时，应该如何正确应对呢？现在，我为大家介绍一种行之有效的管教方法——逻辑后果法。

1. 什么是逻辑后果法

逻辑后果法的核心理念是：给孩子自由，允许他们自主选择，并承担相应的后果。这不仅能够让孩子意识到自身行为与后果之间的关系，还有助于他们逐步建立责任感，提升自我管理的能力。

还以小强为例，假设妈妈和他已经制定了规则——回家后先做作业，然后才能玩游戏，每天玩一个半小时。如果小强违反了规则，妈妈应该如何应对？

第一，让孩子做选择。 家长要给予孩子自由选择的权利。当妈妈回家时，发现小强还在玩游戏，已经玩了一个多小时，书包都没有打开。这时，妈妈应该提醒他："儿子，我们昨天制定了规则，回家后要先做作业，再玩游戏，每天玩一个半小时。如果你今天违反了规则，明天就不能再玩游戏了。"

此时，妈妈不需要过度干预，而是让孩子自己做选择。他可能明知道违反了规则，却仍选择继续玩。这是他的选择，妈妈不需要再说"只能再玩5分钟""你怎么总是不守规矩"等。让孩子自己做出决定，因为是他自己做出的这种选择，所以接下来，他必须为自己的行为承担后果。

第二，按照选择执行相应后果。 第二天，家长需要按照孩子的选择执行后果。比如，妈妈可以选择将平板电脑收起来，或者断开家里的 Wi-Fi，让孩子无法继续玩游戏。

有些家长可能会问："为什么要等到第二天才执行后果？为什么不立刻处理？"其实，重点不在于让孩子立刻改正错误，而在于通过这一过程帮助孩子理解行为与后果之间的关系，并培养他们做出正确选择的能力。如果家长急于让孩子马上改正，虽然表面上孩子做了对的事，但其实并没有教会孩子如何为自己的选择负责。因此，给孩子时间去思考并承受后果，才是培养他们自我管理能力的最佳方式。

第三，家长的态度决定一切。 很多家长担心，第二天当孩子被告知不能玩游戏时，可能会大吵大闹，甚至摔东西。这时，家长的态度至关重要。

一些家长可能看到孩子痛苦的样子，会有一种"解气"的感觉，认为孩子终于"得到了应有的惩罚"。这种幸灾乐祸的心态是不健康的，因为它会加剧亲子之间的对立，并且可能引发孩子的怨恨。如果家长因孩子的痛苦而感到满足，亲子关系会因此受到破坏，孩子的情感也会受到伤害。

也有些家长容易被激怒。家长在面对孩子的情绪时，一定要保持冷静，不要被孩子的哭闹或愤怒所左右。有些孩子会试图通过情绪化的方式操控父母，甚至以此威胁家长妥协。家长此时需要坚定立场，不被孩子的情绪所影响。无论孩子如何反应，家长都要保持理智，避免退让和妥协。如果家长被孩子的情绪控制，屈服于孩子的要求，那孩子下次一定会再次以同样的方式挑战规则。

此外，家长要明白，管教不仅仅是让孩子做正确的事，更是帮助孩子发展做出正确选择的能力。这是一个长期的过程，家长不能急于求成。通过这种方法，孩子会学会如何为自己的选择负责，而不是依赖于父母的指令。

2. 逻辑后果法的适用条件

尽管逻辑后果法是非常有效的管教工具，但它并不适用于所有情况。家长在使用这一方法时，必须确保以下两点：

第一，孩子没有情绪障碍或抑郁症。如果孩子被诊断为抑郁症，或者家长怀疑孩子有情绪障碍，逻辑后果法就不适用了。对于患抑郁症的孩子来说，他们的情绪已经非常痛苦，缺乏正向的刺激和情感支持。游戏可能是他们唯一的情感寄托，是他们缓解压力和痛苦的一种方式。如果在这种情况下强制剥夺孩子的游戏时间，可能会加剧孩子的负面情绪，甚至引发更严重的情绪问题。因此，家长应该以更加温和和支持性的方式帮助孩子，创造积极的情感体验，帮助孩子走出抑郁。

第二，亲子关系良好。逻辑后果法要求家长和孩子之间有足够的亲密和信任基础。如果亲子关系疏远，孩子对家长的规则漠不关心，那么此时使用逻辑后果法很可能会适得其反。在这种情况下，家长应该优先考虑修复亲子关系。只有当亲子关系建立在理解和信任的基础上，孩子才会愿意配合家长的管教，而家长制定的规则才能真正生效。

总的来说，逻辑后果法是一种既尊重孩子选择权，又能帮助他们发展责任感的管教方法。家长在使用这一方法时，需要保持冷静，避免情绪化的反应。通过这种方法，家长不仅能够帮助孩子理解行为和后果之间的关系，还能够培养孩子做出正确选择的能力。同时，家长也需要评估孩子的情绪状态和家庭关系，确保这一方法适用于当前的情况。

最终，家长的目标是帮助孩子发展自我管理能力和责任感，而不是单纯地让孩子立即改正错误。通过理性和温和的管教，孩子将学会如何为自己的选择负责，从而在未来的人生中更加成熟和自信。

零花钱的管理

许多厌学、沉迷电子产品或表现出"躺平"倾向的孩子,同时存在滥用零花钱的问题,他们可能将大笔零花钱用于游戏充值、动漫周边、角色扮演等。对此,家长们普遍感到无奈又苦恼,认为如果不给孩子钱,他们就会大哭大闹,甚至以不上学或更激烈的手段威胁。

家长到底该如何管理孩子的零花钱?尤其是当孩子已经出现滥用的情况时,这件事还有回旋的余地吗?答案是肯定的。其方法与我们之前提到的电子产品使用规则的制定相似。下面,我将通过一个真实案例,来为大家详细说明。

小丽是一名初二女生。上学期间,妈妈每月给她 400 元零花钱,供她购买自己喜欢的二次元周边、文具和零食。小丽时常抱怨不够用,所以时不时地让妈妈替她买这买那,每月实际花费超过了 600 元。

到了初二,她因学业压力、人际关系问题不想上学,在家"躺平"了两个月。这期间她仍然要求妈妈继续每月给她 400 元零花钱。妈妈为了哄她上学便答应了,结果却是小丽依旧不愿意上学,零花钱却照旧。

妈妈非常苦恼,于是向我求助。经过了解,我发现小丽之所以选择"躺平",是因为她父母对她学业的期待一直非常高,但她进入初中后无论怎么努力,学习成绩都难以提升,她意识到自己的能力无法达到父母的期望,于是索性放弃了学业。与此同时,亲子关系恶化导致家长根本无法与孩子有效沟通。

我告诉小丽妈妈,在亲子关系尚未修复时,不能立即进行零花钱的管理。只有先重建信任,才能逐步实施规则。

经过一个月的陪伴和引导,母女关系有了质的飞跃。小丽向妈妈袒露了

第十三章 | 规则重建：从单方面制定到共同约定

自己的学习压力和无力感，也表达了想要改变现状的愿望。妈妈按照我的建议，通过共情和接纳，每天都可以与孩子进行愉快且有深度的对话。这时，我建议小丽妈妈开始着手管理零花钱。

有一天，小丽对妈妈说："妈妈，我这个月的零花钱用完了，但我想买一本书，你能再给我 50 元吗？"

以往，妈妈会毫不犹豫地答应，但这次她温和地说："小丽，你喜欢看书，这是好事，妈妈很高兴。但这个钱应该从你的零花钱里出。你觉得每个月多少零花钱才够用呢？跟妈妈说说你的想法，咱们把这个规则重新梳理一下。"

小丽以为妈妈要给她涨零花钱，赶紧说："我希望每个月 600 元，现在 400 元根本不够。"

妈妈接着问："600 元你会用在哪些地方呢？"

小丽回答："我会用来买动漫周边、点奶茶、买书和零食。"

妈妈认真地回应道："你上初一时，我们答应每个月给你 400 元，是考虑到你在学校有社交开销，也会买些小物件。可现在你在家里，吃穿住都由爸爸妈妈承担，花销肯定比上学时少。所以，我和你爸爸商量过了，如果你继续不上学，每个月只能给你 200 元零花钱。如果你恢复上学，我们可以考虑把零花钱恢复到 400 元。"

小丽听后很不乐意，情绪激动地说："零花钱的事儿不由你们说了算！凭什么我不上学就扣钱？"

妈妈平静地解释："这事确实需要我和你爸爸来决定。你想想，我们只有工作才能赚到钱。如果请假不上班，工资也会被扣。同样的道理，上学和不上学得到的零花钱肯定也不一样。你先自己想想，明天我们再讨论这个问题。"

那天晚上，小丽闷闷不乐，不再说话。但第二天，她主动找到妈妈，说："你的建议我可以考虑，但如果我上学的话，400 元太少了，至少得给 500 元。"

妈妈欣然答应："好，我们就这样约定。如果不上学，每个月零花钱是200元；如果恢复上学，零花钱涨到500元。不过，这个钱给你后，你要自己合理安排使用。每月超出部分，我是不会再额外补贴的。"

这次谈话后，小丽决定重返校园。

家长在管理孩子的零花钱时，需要注意以下三点：

1. 明确零花钱的目的和规则

在给孩子零花钱前，家长需与孩子商定好零花钱的具体用途、数额和发放周期，并坚持执行规则。

2. 与孩子探讨金额的合理性

通过倾听和对话，让孩子理解零花钱与生活方式之间的联系。

3. 避免随意追加

对于孩子超出约定额度的请求，家长要坚守原则，不能因孩子情绪波动而轻易妥协。

管理孩子的零花钱，不仅是为了解决眼前孩子滥用零花钱的问题，更是帮助孩子树立正确金钱观的重要一步。通过制定合理的规则，让孩子懂得金钱来之不易，学会对自己的行为负责，为他们将来走向独立生活打下坚实基础。

总之，为了让孩子在成长过程中学会为自己的行为负责，并培养正确的判断力，必须制定规则并进行恰当的管教，特别是在经常发生冲突的领域，如电子产品使用和零花钱管理等。管教孩子与给予孩子爱和接纳并不矛盾，两者是养育孩子过程中的两条腿，缺一不可。

然而，如果家长与孩子的关系极为紧张，那么首要任务是修复亲子关系，然后再考虑制定规则并进行管教。没有良好的亲子关系作为基础，仅仅关注如何管教孩子，只会让亲子关系进一步恶化，让孩子变得更加叛逆。

第十四章 高效学习：快速提升，精准突破

如何快速提升成绩

这是很多家长最关心的一个话题，但在介绍方法之前，需要先纠正家长关于提升成绩的常见误区。

1. 关于提升成绩的常见误区

（1）过分关注孩子是否跟上老师的节奏

有家长常常会问孩子上课有没有认真听讲，作业是否完成，有没有被老师批评。这些关注点大多集中在孩子与老师之间的步调差异上。这样做并非完全错误，但更适用于成绩不错的孩子。如果孩子的成绩属于中等偏上，跟着老师的节奏自然没问题，因为他已经具备了从老师的授课中稳定获取知识的能力，继续保持这一节奏就可以了。

然而，如果孩子的成绩处于中等偏下，甚至非常差，或者成绩波动较大，那就意味着孩子已经无法跟上老师的进度。此时，再过分关注孩子是否听讲、是否完成作业等问题，已经没有太大意义。打个比方，你的孩子和全班同学一起去春游，都搭乘同一辆车。如果孩子坐在车上和同学们同行，那么你关注车的行程是有意义的；但如果车已经开走，孩子却还没上车，那么你光顾着关心那辆车就毫无意义了。车已经上了高速，再追也追不上了。

因此，如果孩子成绩较差，就不要再想着按部就班地跟着老师的节奏走。想要实现逆袭，孩子必须另辟蹊径。具体该怎么做，我将在本章中详细说明。

（2）刷题越多越好

如果孩子的成绩中等偏上，刷题无可厚非，因为他的基础知识比较扎实，刷题能够帮助孩子整合知识和熟悉不同题型。但如果孩子成绩不理想，明显跟不上进度，这时盲目刷题其实是在浪费时间。这就好比小学的加减乘除没学好，就直接去做微积分题，刷再多题也没用。盲目努力只会浪费宝贵的时间。所以，家长要避免这种无效的指导，明白孩子当前需要的是什么。

（3）过分关注所谓的学习态度

很多家长一看到孩子休息，或者一边写作业一边听歌就开始着急，认为孩子不专心，成绩也就无法提高。事实上，到了初二以后，所谓的"学习态度"已经不再是决定成绩的关键因素了。一个学习能力强的孩子，即使在写作业时听歌，他依然能学好；而一个学习有困难的孩子，即便每天专心致志，也未必能提高成绩。真正决定成绩的，是对知识的掌握和理解程度，而不是外在的态度。

2. 四步快速提升成绩

规避了以上误区之后，接下来介绍一套能够快速提升成绩的方法。很多孩子在运用了这套方法之后，两个月内总成绩提升了 50~100 分。

〔第一步：拿回孩子的时间〕

这一步专门针对那些想要提升成绩但缺乏方法，已经出现明显厌学倾向，在学校每天备受煎熬的孩子。

要快速提升孩子的学习成绩，首要任务是把孩子的时间和学习主导权从学校与作业中拿回来。因为要有效提高成绩，必须准确定位孩子的知识漏洞，明确哪些知识点不熟悉、哪些题型不会做。这一过程需要我们专门投入时间。

找到问题后，进行针对性补救同样需要时间。尤其是对于成绩中等偏下的孩子，这两个任务几乎会占用孩子所有的课后时间，也就是放学后的时间。在这种情况下，课后时间就不能再用来完成作业。

有家长可能会问，作业到底有没有用呢？作业确实有助于巩固孩子的基础，但对于成绩较差的孩子来说，作业的作用非常有限，浪费了宝贵的时间。

因为学校布置的作业是根据全班平均水平设计的，这也就意味着，作业的难度和深度适用于中等水平的学生。而对于成绩较差的孩子，他们可能连基础知识都掌握得不牢，继续做作业只是重复已知的错误。我们需要做的是逆向操作，回到基础，逐步查漏补缺。

关于时间的管理，我们需要意识到，时间是孩子最宝贵的资源。如果一味让孩子做作业，实际上是在浪费他们有限的时间，剥夺了他们自我提升的机会。所以，家长要果断地把孩子的时间从作业中抽离出来，让他们专注于更具针对性的学习任务。

除了放学后的时间，孩子在学校的课堂时间可能也未必能充分利用。对于已经掉队的孩子而言，课堂上早已跟不上老师的节奏，坐在教室里大多数情况下是在浪费时间。虽然许多家长强调课堂上认真听讲的重要性，但对于成绩较差的孩子而言，认真听讲往往意味着逃避真正需要做的事情。无论他是虚心听讲还是在课堂上打瞌睡，实际上效果相差无几。

我们要认识到，孩子的学习进步不是通过盲目努力来实现的，而是通过利用有效方式解决具体问题来实现的。在学习上，真正能带来变化的不是机械完成作业或刻意认真听课，而是根据孩子的实际情况，找出他的薄弱环节，并进行针对性的补充。

总而言之，提升成绩的关键在于对时间的科学运用，以及选择正确的学习方法。孩子需要通过精准的时间管理，找出自己的薄弱环节，并集中精力进行攻克。盲目的努力和勤奋并不能带来真正的提高。

家长要做的，就是帮助孩子把属于他们的时间从学校和作业中拿回来，重新分配到解决具体问题上。这是最基础的步骤，也是最重要的步骤。如果你敢于采取这一措施，你的孩子将获得非常宝贵的时间，并且能够利用这些时间解决学习中的问题，成绩自然会提升。但如果你犹豫不决，依然按照传统的模式去做，继续让孩子做无效的作业，反复学习那些所谓的预习法和复习法，那么孩子的进步将会非常有限。对于成绩差的孩子，家长必须果断采取措施，把孩子的时间从无效的作业和课堂中拿回来，然后有针对性地查漏补缺。

这项任务是家长必须承担的责任。孩子无法自行决定是否放弃作业或调整上课方式，而老师也不可能轻易同意。家长可以主动与老师沟通，说明孩子当前的状况，提出合适的方案，并承担可能产生的责任。

真正的挑战在于家长是否敢于做出这个决定。做正确的事情并不容易，特别是当家长身边没有人支持时，他们可能会感到不安。但正是这些果敢的决定，才能带来真正的改变。为了孩子的未来，家长的果断决策至关重要。

第二步：快速精准定位问题

假设孩子现在是高三，数学成绩非常差，平时满分150分的试卷，只能考50~60分，这时再让他去听课是没有意义的，因为课堂内容对他来说几乎是陌生的。这并非孩子智力有问题，而是基础没有打好。因此，当务之急是精准地找出问题所在。

我们知道，学科知识是有递进关系的。初一知识是初二的基础，初二知识是初三的基础，以此类推。就像盖楼房一样，初一的"第一层"如果基础不牢，到了初二"第二层"就会偏斜，随着年级逐步上升，偏斜越来越严重，到高三时，整栋"楼"可能已经摇摇欲坠。

这种情况下，我们不应仅仅关注高三这一层楼的偏斜，而应该逆向溯源，找出真正的根源问题。<u>我们不能从头开始补习，因为时间紧迫且工作量过大，应该精准定位问题所在的年级，首先修复这个年级的薄弱环节，再逐步往上修复</u>。这个思路非常重要。

如何执行呢？比如前面提到的，孩子的数学成绩差，首先不要让孩子盲目做题，而是先拿一张高三的试卷给他，让他进行标记，标出哪些题目会做（画圈），哪些不会做（打叉），感觉没有把握的题目也当作不会做（打叉）。这样，孩子大约半小时就可以完成试卷标记。

完成标记后，根据画圈和打叉的数量进行初步评估。若孩子这张试卷能拿到60%以上的分数，比如100分拿到60分以上，或者150分拿到90分以上，则说明问题主要集中在高三这一年级，可能是知识掌握不牢或做题技巧不足。此时，我们可以聚焦高三知识点，帮助孩子逐一攻克。

如果孩子这张试卷不能拿到60%以上的分数，比如100分得20~30分，或者150分得低于90分的分数，那么问题就不在高三，而是在之前的年级。此时，我们应该继续往回推，找出问题最早出现的年级。继续拿高二下学期的试卷给孩子做标记。如果孩子在这张试卷中能够拿到60%以上的分数，说明问题出现在高二下学期；若仍然无法拿到60%的分数，则继续往前推，直到找到问题的根源。

<u>这个方法的核心在于"精确定位"。很多孩子成绩差，并非当下的知识掌握不牢，而是前几年的基础没打好</u>。所以，我们需要从最基础的部分开始逐步修复。盲目地开始补习，不仅浪费时间，也无法解决根本问题。

此时，很多家长可能会担心，孩子是否会故意"忽悠"自己。当家长看到试卷上打满了叉，没有一个圈时，可能会感到急躁和失望，甚至开始指责孩子。这时，我要提醒家长：情绪管理非常重要。我们要明确，做题的目

是帮助孩子找出问题，而不是让孩子瞬间变得"全会"。如果孩子没有掌握相关知识，将问题暴露出来，反而是一件好事。家长若急躁难耐，会导致孩子不敢面对自己的问题，甚至真的开始"忽悠"家长。

家长的任务是支持孩子，帮助孩子分析问题，而不是急于求成。 如果孩子的试卷上没有圈，说明他对这些知识掌握不牢，问题已经暴露出来，我们只需要冷静地继续深挖问题并进行针对性修复。

当我们确定了问题所在的年级后，例如发现是初三下学期的知识点出了问题，接下来就是针对这些知识点进行深入分析。首先，不要让孩子去做题，而是让他直接对照答案，梳理答案中运用到的知识点。例如，某道题答案涉及"数轴"概念，孩子应该能从答案中提炼出这个知识点。

接着，要求孩子回忆自己对这些知识点的理解。如果他对某个知识点掌握不清楚，就需要将其列入补强清单，进行专项练习。通过这种方法，孩子可以逐渐找出自己知识体系中的薄弱环节，并加以强化。

在整个过程中，家长要区分"知识点"问题和"题型"问题。 这就好比开锁，知识点问题是钥匙本身出了问题，孩子需要先修复钥匙；而题型问题是孩子掌握了钥匙，但不懂得在正确的时机使用它。对于大部分孩子来说，问题往往集中在知识点上，而学霸则更多面临题型问题。

总结来说，每一门学科都可以按照类似的方式进行问题定位和修复。通过这种系统性分析和精准定位，家长可以帮助孩子一步步解决问题，逐渐恢复学习信心。

第三步：给任务排优先级

当孩子明确了自己在哪些年级、哪些知识点、哪些题型上存在问题之后，接下来的任务是如何高效地进行补漏。我们还以高三数学薄弱的孩子为例，经过前期的分析，终于发现，孩子在初三的数学试卷上能够拿到60%以上的分数。通过对试卷和答案的细致分析，我们手中已经有了两份清单：

①知识点列表：列出了孩子在初三数学中需要加强和补充的知识点。

②题型列表：列出了孩子在初三数学考试中不熟悉或常错的题型。

此时，孩子能否直接开始学习？答案是否定的。直接按照清单上的顺序逐一攻克这些知识点，效率会非常低。因为我们当前的目标不是掌握每个知识点，而是要在尽可能短的时间内迅速提升分数。这时候，效率才是关键。

设想一下，如果我们要为孩子设定一个提升目标，不能指望孩子一个学期只提升5分，两个学期提升10分，这样的速度对于孩子来说是没有吸引力的。就像减肥，辛辛苦苦一个月只减掉1斤体重，这种回报显然无法激励人继续努力。学习也是如此，只有在短期内看到明显的提升，孩子才能对这个过程产生信心。如果任务拖成持久战，孩子必定会失去动力。因此，我们要着眼于快速提升分数，而不是一开始就面面俱到地抓住每个知识点。

高效的学习策略是"快速提升，精准突破"。在学习过程中，我们应该优先选择那些能够迅速提升分数且分值较大的知识点和题型，而将那些难度大、分值小的内容推后。换句话说，我们要进行"高投资回报率"的选择，把有限的时间和精力投入最有可能迅速提升成绩的领域。

很多家长会觉得孩子只要"多努力一点，把所有知识点都掌握"，就能提高成绩。然而，时间有限，精力有限，想要同时解决所有问题，往往得不偿失。我们必须学会放弃，集中精力于那些最能提升分数的内容。

这种策略可能会颠覆家长的传统观念，却是大多数成功实践的关键。你不可能在短时间内抓住所有机会。想要帮助孩子快速提升成绩，我们需要主动选择、主动判断、主动排序。

那么，如何给任务排优先级呢？

估算时间：首先，让孩子估算每个知识点需要的学习时间。例如，某个知识点可能需要两小时才能彻底理解，另一个则可能只需一小时。

计算分值：接下来，让孩子统计每个知识点在考试中出现的频率和对应分值。比如，"数轴"在一张试卷上出现 3 次，对应分数为 25 分；而另一个知识点可能只出现一次，对应分数为 10 分。

综合分析：通过以上两步，我们可以算出每个知识点在单位时间内带来的分数提升。例如，"数轴"花一小时就能提高 20 分，而另一个知识点则可能需要两小时才能提高 10 分。

通过这种方式，孩子可以清晰地知道哪些知识点和题型需要优先攻克，哪些可以暂时放一放，从而高效提升分数。当孩子能够迅速看到分数提升，信心便会随之增长，进一步激励他们持续努力。

通过前期的分析和规划，我们不但帮助孩子找出了学习的"突破口"，而且通过排优先级，使学习任务变得更加明确和高效。这种策略的核心是：不要盲目努力，而是要用最少的时间集中解决最关键的问题，以便迅速提升分数。这就像在商业投资中，成功的人往往是通过精准的调研、布局和选择，最大化地提升资源利用效率。学习也是如此，不必盲目地加倍努力，而是要做出明智的选择，专注于那些能够带来最大回报的任务。

家长不要再坚持"多做点"的老思维了，跟随这套方法，做出正确的选择，你会发现，孩子的进步比你想象中要快得多。

第四步：攻克具体知识点和题型

在孩子完成了清单制订，并且给每个知识点和题型排序后，接下来的关键步骤就是如何快速且高效地攻克这些内容，从而实现分数的大幅提升。如果孩子能够高效地攻克这些知识点和题型，分数提升自然水到渠成，孩子的学习状态也会发生积极的变化。那么，具体如何操作呢？我将分享三个实用的方法。

方法1：利用网上的免费教学视频。互联网为孩子提供了丰富的学习资源，汇集了海量的教学视频，这些视频以生动有趣的形式，将各种知识点深入浅出地讲解清楚。不管是语文的文言文，还是数学、物理、化学等理科内容，都可以借助这些视频获得清晰、直观的讲解。通过对比多个视频，孩子可以找到最适合自己的讲解方式，帮助自己快速理解难点。

方法2：为孩子准备专项练习册。很多家长曾尝试为孩子购买练习册，但孩子往往不愿意做，这是为什么呢？因为这些练习册往往没有针对性，孩子既不知道从何下手，也看不到做这些题目的意义。实际上，问题的根源在于，孩子和家长并没有明确哪些知识点需要重点突破，或者某些题型需要多加练习。

现在不同了，经过前几步的分析，孩子已经知道自己在哪些知识点和题型上存在问题。此时，孩子可以向家长提出明确的需求，家长只需要根据这些需求购买相关的练习册。孩子也不需要把买回来的练习册从头到尾完成，只需要挑选自己需要突破的知识点和题型的相关题目进行有针对性的练习。这样，孩子的学习效率将大大提升，因为他已经明确了练习的目标和意义。

方法3：利用孩子身边的力量。孩子周围的同学或邻居，有时候也是非常宝贵的学习资源。很多时候，孩子的同龄人讲解某个知识点，比老师还要清晰易懂。因为这些同学刚刚学过这个内容，能够准确洞察孩子的困惑，甚至能以更简单直白的方式帮助孩子理解。

家长可以通过一些社交途径，找到这些孩子，邀请他们一起讨论学习。比如，通过生日聚会等形式，请这些孩子来家里，借机请他们帮忙讲解某些难题。这不仅能帮助孩子突破难关，还能为孩子建立信心。

如果家长能够运用以上三个方法，帮助孩子攻克具体的知识点和题型，孩子的学习效率将大大提高。学习的本质是用时间换取分数，但最难的部分在于如何选择合适的方向和方法。通过前面三步的准备，我们已经帮助孩子确定了需要突破的知识点和题型。只要方法得当，学习过程就能变得高效且有成效。

记住，学习的成功不仅仅依赖于孩子的努力，更依赖于家长如何为孩子提供合适的工具和资源。通过精准的资源配置和科学的学习路径，孩子成绩提升将顺理成章、水到渠成。

以上便是快速提升成绩的四步法。在这里，我要再强调一点，家长切勿急于求成，盲目向孩子推荐这套方法。特别是亲子关系尚未修复，或者孩子内心并没有真正准备好重新投入学习、对学习充满抵触情绪时，强行引入这种方法可能会适得其反，激起孩子更强烈的反感和抗拒。家长必须耐心等待时机，等到孩子自己愿意重新开始学习，愿意弥补之前落下的课程，准备好复学时，才是介绍这套方法的最佳时机。这时候，孩子会更容易接受，也能更主动地投入学习，从而取得更好的学习效果。

留级和转学

很多家长在面对孩子不上学的问题时，常常会考虑办理留级或转学。考虑留级的家长通常认为，孩子因学习压力大、成绩跟不上而不想上学，办理留级后，孩子在知识学习上与低年级的学生相比可能有优势，有助于他恢复信心。而考虑转学的家长，大多是由于孩子在原学校与老师或同学关系紧张，难以面对原有环境，因此希望换个新环境，孩子或许能重拾勇气去面对学习与生活。

这些想法并非没有道理，但在实际操作中，往往存在一些误区，导致孩子复学或适应新学校失败。

1. 关于留级和转学的常见误区

（1）家长认为只要孩子同意留级或转学，问题就能彻底解决

家长常常以为，办理留级或转学，意味着孩子能够重新适应并恢复学习状态。事实上，无论是留级还是转学，本质上只是为孩子换了一个环境。如果家长没有弄清楚孩子不上学的根本原因，问题可能很快就会再次出现。例如，因为人际关系问题而厌学的孩子，往往对人际关系有认知偏差。他们可能认为，朋友就应该只和自己玩，一旦朋友结交了新的朋友，就觉得自己受到了背叛。若家长不从根本上改变孩子对人际关系的认知，即便换一个学校，问题依然会存在。

（2）家长强行办理留级或转学，忽略孩子的意见

有些家长在办理留级或转学时，完全没有征求孩子的意见，便草率地办理了手续。这种做法往往会激发孩子强烈的反感和愤怒，反而导致孩子更加抗拒上学。因为他们认为家长并没有尊重自己的感受，只是一味地要求他们回到学校，完全忽视了自己内心的困惑和困难。家长如果强行让孩子留级或转学，孩子可能会感到自己的想法被完全忽视，进而加深对学校的厌恶情绪。

（3）频繁更换学校

有些家长认为，孩子不上学是因为学校环境不佳、老师不理解或者同学关系紧张。因此，他们不断给孩子更换学校，企图通过改变外部环境来解决问题。我曾遇到过一个家庭，家长在短短两年内给孩子换了五所学校，但孩子依然无法适应任何一所学校。这样的做法反而会让孩子形成习惯，使他每次遇到困难都通过更换环境来逃避问题。这种"逃避式"的做法并未从根本上解决孩子的问题，反而使孩子更倾向于用外部环境作为借口，回避自身的困境。

2. 如何提高留级和转学的成功率

如果家长考虑让孩子留级或转学，如何理性处理才能提高成功率呢？以下四点是家长需要特别注意的。

（1）找出导致孩子不上学的根本原因

无论是留级还是转学，都必须先找到孩子不上学的根源，只有从根本上解决问题，才能避免留级或转学后问题再次发生。如果孩子不上学的原因是家庭关系不睦，孩子用不上学来对抗父母，那么家长的首要任务是修复亲子关系。如果孩子因学业压力过大，成绩无法达到预期，而产生心理上的挫败感，家长应该帮助孩子重新审视自己的目标和信念，探讨他为什么要追求卓越，以及追求高分背后隐藏的动机。帮助孩子纠正过度完美主义的认知，学会与自己和解。同时，家长可以参考"如何快速提升成绩"的方法，帮助孩子在休学期间重新树立信心。

（2）与孩子充分沟通，了解他的想法与担忧

留级或转学的决定，不应是家长单方面做出的。家长应该与孩子充分沟通，了解孩子对于这一决定的看法和感受。孩子可能会担心自己能否在新环境中结交到朋友，是否能适应新的学校氛围，是否能适应新老师的管理方式等。通过讨论，家长能了解孩子内心的恐惧和担忧，使孩子感受到自己在这一决定中有发言权，进而提高孩子的参与感和责任感。如果孩子感受到自己的想法被尊重，就更有可能积极面对新的环境和挑战。

（3）做好充分的准备，确保留级或转学决策周全

如果家长决定让孩子留级或转学，那么事前的准备工作至关重要。比如，就转学来说，家长需要了解接受转学的学校信息，包括学校的课程设置、教学质量、学习氛围等。家长应列出所在城市可以转学的学校，并在网上查找相关的学校信息，为孩子提供参考。根据孩子的兴趣和意向，家长可以带孩

子实地参观学校，了解每个学校的校园环境、教学风格、师资力量等。

校园环境对孩子的学习和心情有着直接影响，因此家长和孩子在选择学校时要特别重视学校的氛围。如果孩子需要住校，家长应带孩子去实地查看宿舍和食堂的环境，确保这些基本条件符合孩子的需求。如果孩子对住宿条件不满意，可能会影响其复学后的适应情况。

此外，家长还应提前了解学校的管理模式，有些孩子可能由于过去的经历，较为抗拒过于严厉的学校管理。因此，家长需要了解学校的管理尺度，是否经常实施处罚措施等。通过提前了解这些信息，家长可以在选择学校时避开不适合孩子的环境。

（4）了解班主任和教师的管理风格

家长需要向学校了解可能会成为孩子班主任的老师的性格特点。家长需要了解该班主任的管理风格：是严格型、温和型，还是幽默型。这对于孩子能否适应新环境至关重要，因为老师的管理风格对孩子的影响非常大。如果孩子过去因为老师严厉的管理方式感到压抑，而在转到新班级后，新班主任的管理方式依然过于严格，孩子很可能无法适应，导致复学失败。

曾有一个案例，一名初二的女孩办理了休学，之后决定留级返回原学校。母亲以为一切都安排妥当，然而开学第一天，女孩在班级前被班主任拦住，班主任毫不留情地质问她："你为什么留级？你有什么不良嗜好？别把我们班的孩子带坏了。"这个班主任的管理风格显然让孩子感到非常不适，结果女孩当天就回了家，再也不愿去学校。

总而言之，无论是留级还是转学，家长都需要谨慎对待，做出周全的决策。这个过程需要家长与孩子共同参与，充分了解孩子的内心想法，帮助孩子认识到留级或转学可能带来的利弊。同时,家长还需要做足准备,确保新的环境和学校能真正解决孩子的问题,而不只是暂时改变了外部环境。通过这些细致的步骤,家长可以帮助孩子更好地适应留级或转学,提高复学的成功率,避免重蹈覆辙。

CHAPTER 15

第十五章　复学评估：孩子想上学？先做这 7 件事

当孩子突然提出"我想上学了"的想法时，许多家长会感到非常兴奋，然后马上开始办理复学手续。家长的这种情绪可以理解，毕竟都担心孩子待在家里时间过长，复学时会遇到更多困难。但是很多家长忽视了一个关键问题：**复学并非一件简单和容易的事情，需要经过充分的准备和规划。**

孩子提出复学的愿望是一件好事，说明他们有回归学校的意愿。但是这可能只是单纯的情绪表达，不能完全代表他们已经做好了复学的心理准备。家长如果没有对孩子的现状进行评估，就急于让孩子复学，可能会导致复学计划失败，甚至加剧孩子对复学的恐惧情绪。很多孩子在没有足够的心理准备的情况下复学，结果往往以失败告终。由于准备不充分，很多孩子在复学过程中会出现焦虑、身体不适等问题，例如心跳加速、腹痛、头痛等，甚至可能在临近学校时放弃复学。此外，部分孩子复学一段时间后，之前的各种问题再次出现，最终再次休学。这些现象都反映了复学的复杂性。

一旦复学失败，孩子不仅会失去信心，还可能产生更深的恐惧和排斥情绪，这对他们日后的学习和心理发展都不利。因此，复学的每一步都需要慎重对待，家长不能急于行动，而应根据孩子的实际情况制订一份科学的复学计划。家长在孩子提出复学时，不能急于把这个想法付诸实践，而是要冷静地进行规划。复学的过程需要投入时间，并做好细致的准备，家长要帮助孩子一步步过渡，而不是急于催促。接下来，我将分享复学的 7 个必备条件，这些条件是确保孩子复学顺利的基础，缺一不可。

复学的 7 个必备条件

1. 孩子的情绪基本稳定

这里所说的"稳定"并不是指孩子整日情绪低落、沉默寡言，或者将自己封闭在房间里，与家人完全断绝联系。所谓的稳定，指的是孩子有积极的情绪波动，每天都有开心的时刻，保持一定的乐观心态。这种情绪稳定是健康和积极的，而非消极的平静。那如何培养孩子这种稳定的情绪呢？

有一位妈妈，她的女儿因为不喜欢学校的教学安排，以及交不到朋友，从四年级开始沉迷电子产品，五年级下学期有两个多月没去上学。为此，妈妈与女儿频繁发生激烈冲突，孩子常常大吼大叫，吼完全身发抖。妈妈经过各种尝试和努力后，最终放弃所有强硬手段，决定不再提上学的事，而是以一种更轻松的方式陪伴孩子，先帮助孩子解决暴躁的情绪问题。妈妈向单位提出休假，专门用来陪孩子。她不再刻意限制孩子使用电子产品，也不再强迫讨论复学的事情，而是将更多的精力放在孩子的兴趣和活动上——带孩子出去旅行，其间还邀请孩子的小伙伴一同参与。旅行过程中，孩子在与小伙伴的互动中逐渐感到愉悦，情绪变得越来越稳定。而且，由于妈妈与小伙伴的家长事先沟通好，控制电子产品的使用，孩子和小伙伴专注于玩耍、交流，情绪自然得到了很大的改善。随着这种愉快的互动增多，孩子对电子产品的依赖逐渐减少，对外界的兴趣开始恢复。最终，孩子在九月顺利复学，情绪平稳地回到学校。

这个案例告诉我们，家长可以通过创造愉快的活动和提供积极的陪伴，帮助孩子逐步恢复情绪稳定。在这一过程中，家长的陪伴尤为重要，尤其是对于一些需要长时间在家调整的孩子。很多家庭是双职工家庭，家长难以长时间陪伴孩子，但如果能够在一两个月内调整工作安排，或采取灵活的工作方式，就能够为孩子提供更多的陪伴和支持。

如果实在无法做到这一点，家长应提前做好心理准备：孩子在家待的时间过长，可能会感到孤独和无聊，在没有父母陪伴的情况下，孩子往往会过度依赖电子产品，这种情况需要引起重视。家长可以通过安排亲子活动、外出游玩等方式，帮助孩子找到更有意义的替代活动，减少电子产品的使用，让孩子在愉快的活动中得到情绪上的修复。

<u>如果确定了复学的时间，那么至少需要在开学前三周，确保孩子的情绪保持在一个积极水平，不会出现暴躁、低落等不稳定的情况。</u>如果孩子在这段时间内的情绪波动较大，复学后的适应可能会更加困难。情绪不稳定的孩子重新回到学校后，往往很难应对学校环境中的各种压力，情绪容易再次失控。因此，情绪稳定不仅是复学的前提，也是孩子顺利适应学校生活的重要保障。

2. 孩子与家长关系亲密，能够讨论过去的负面经历与感受

那些最终成功复学的孩子，往往都经历了一段亲子关系恢复的过程。与家长的关系是否亲密，将直接影响孩子内心创伤的修复程度和未来的抗压能力。只有当亲子关系得到修复时，孩子才愿意与家长沟通自己曾经的痛苦和困扰，这是复学的关键步骤。

在孩子"躺平"初期，许多家长发现，孩子常常不愿意与自己沟通，尤其是关于学校里的困境或过去的一些创伤。此时，孩子的内心常常被负面情绪所困扰，但又无法表达出来。亲子关系的恢复是孩子能够讲述这些经历的前提。通过与家长的对话，孩子能够逐渐打开心扉，开始回忆并分享过去那些让自己痛苦或愤怒的事件。我们可以通过倾听和共情，帮助孩子释放情绪，这本身就是一种疗愈。

如果孩子愿意与家长谈论这些过往，表明他们的伤口已经愈合了七八成。此时，家长要像心理咨询师一样，倾听孩子的心声，给予情感上的支持和理解。<u>在这个过程中，家长不需要提供解决方案或建议，也不必急于纠正孩子，最重要的是共情，表达理解和歉意。</u>例如，可以说："宝贝，妈妈没想到你曾经历过这些事情，我真的很后悔当时没能及时察觉。"如果事件中有自己的过错，家长应当勇于道歉，表达对孩子的歉意。

通过这种方式，孩子的创伤得到疗愈，情绪得到有效的疏导。当孩子开始觉得自己被理解和接纳时，心灵的创伤就已经愈合大半。这个过程是复学成功的关键。一个情感恢复的孩子，不再背负沉重的心理负担，就能够像一个康复的伤员一样，重新站在"战场"上，而不是带着未愈的伤口去面对挑战。

亲子关系的修复，不仅仅能够让孩子在情感上得到支持，也是孩子重返学校、重新适应社会和学习生活的重要保障。如果孩子带着未愈合的心理创伤去面对学校的挑战，很可能会再次情绪崩溃或适应困难。因此，建立稳定、亲密的亲子关系，是复学成功的第二个必备条件，父母的倾听与共情，在这个过程中起着至关重要的作用。

3. 孩子恢复内驱力

孩子内驱力的恢复，是复学进程中至关重要的环节。其显著标志就是孩子萌生想要上学的意愿，甚至在没有外部压力的情况下，自主决定重返校园。<u>这种内驱力的唤醒并非一蹴而就，根源在于孩子与家长关系的恢复。</u>当家长能够充分接纳孩子的情绪，理解他们的伤痛，并提供无条件的支持时，孩子便能重新认识到自己是有价值、值得被爱的个体。他会因此产生内在的动力，

第十五章 复学评估：孩子想上学？先做这 7 件事

想要为了父母、为了自己去改变现状，去创造更美好的未来。

只有当孩子感受到父母的接纳、理解和支持时，他们才会意识到自己不是孤立无援的，而是被家人爱护并看重的。这个过程中，父母不仅是陪伴者，更是倾听者。通过与父母建立起深厚的情感纽带，孩子会渐渐意识到，自己并非"无用之人"，而是理应得到重视和尊重的个体。他们会从内心产生一种"我不能辜负父母期望"的责任感，这种责任感会成为他们复学的强大内驱力。

需要特别强调的是，复学成功的孩子并不是被逼迫去上学的。许多家长急于让孩子复学，甚至采取强迫或威胁的手段，但结果往往适得其反。**孩子的内驱力需要通过关爱和支持来激发，而不是单纯依靠外部压力。**一旦孩子的内驱力被唤醒，复学对于他们来说便成了自然而然的选择，而非父母强加的任务。

我曾帮助过一位家长，她的孩子已经在家"躺平"将近一年，她曾尝试过多种方法，但都没有效果。最后找到我时，我建议她停止所有外部干预，先集中精力修复她和孩子的关系。于是，这位妈妈不再批评、要求孩子，也不再施压，而是全身心投入沟通和陪伴。慢慢地，孩子的情绪有了转变，开始主动与母亲交流内心的感受。

有一天，孩子突然问妈妈："妈妈，我是不是这辈子再也不能回学校了？如果回去，我会不会跟不上？"这一刻就是发生转变的重要时刻，这表明孩子开始思考自己的未来，意识到复学是个关键抉择。母亲回答他："无论发生什么，你永远是妈妈的宝贝，无论成绩如何，妈妈都无条件爱你。如果你想要回学校，我会尽全力支持你，无论结果如何，我们都一起面对。"这段对话对孩子来说，是一次情感的疗愈，也让他感受到家长的理解与支持。

随着时间的推移，这个孩子逐渐表现出更积极的态度。他开始主动关心学校的情况，甚至在家长会后询问妈妈班主任和老师的情况。妈妈积极地与孩子分享班级同学和老师的状况，孩子对学校的兴趣日益增长。最终，这个孩子的内驱力被重新点燃，主动提出复学。

从这个例子中可以看出，家长能够通过恢复亲子关系，特别是提供情感上的支持和理解，来激发孩子的内驱力。父母不需要焦急地催促或采取强硬手段，只需要耐心地通过关爱与沟通，帮助孩子重新找回动力。孩子只有感受到父母的支持与接纳，才会从内心产生改变的动力，去主动面对复学的挑战。

4. 孩子恢复正常作息时间

作息时间的调整对孩子顺利复学至关重要。长期处于"躺平"状态的孩子，作息时间往往存在问题。即便没有到昼夜颠倒的地步，很多孩子也习惯睡到中午甚至更晚，若突然复学，他们将面临不小的挑战。长时间处于这种作息状态的孩子，如果试图在短时间内强行调整，可能会导致精神状态不佳，甚至影响自信心，进一步加剧复学的困难程度。

若孩子主动提起要复学，家长需要提前意识到这一问题并开始逐步调整孩子的作息。调整的过程应当循序渐进，避免过于急功近利。具体而言，如果孩子目前是昼夜颠倒的状态，建议用两到三周的时间来逐步恢复正常作息。比如，孩子目前每天17：00才起床，家长可以每两天提前半小时叫孩子起床。比如，今天、明天16：30起床，后天、大后天16：00起床，随后15：30起床，最终达到理想的起床时间。

如果只有较短时间进行调整，至少也需要一周的时间来逐步恢复作息。我通常建议，<u>复学前三周内，务必完成作息调整，否则孩子复学后，可能会因精神疲惫、身体不适而出现情绪波动，甚至影响学习状态</u>。在这种情况下，即使孩子已经走到学校，也可能会感觉困难重重，最终导致复学失败。

因此，家长应在孩子提出复学意愿后，尽早开始调整孩子的作息，并逐步让孩子适应新的生活节奏，为复学做好充分准备。

5. 孩子使用电子产品能够自控或他控

电子产品的使用是复学过程中的一个关键因素。许多长期不上学的孩子，特别是那些陷入网瘾的孩子，他们在电子产品使用上存在严重的问题。

本书第二章中，提到孩子陷入网瘾的五个阶段：第一阶段是孩子能够自律，具备自控能力；第二阶段是孩子不能自控，但可以接受父母的管控；第三阶段则是孩子既无法自控，也不接受他控；第四阶段是孩子出现了作息昼夜颠倒的严重情形；第五阶段是孩子在第三、四阶段的基础上出现了自伤或伤人的行为。对处于第三阶段及以上的孩子，想要成功复学，必须将电子产品使用状态恢复到第一阶段或第二阶段。

如果您的孩子当前处于第三阶段或第四阶段，那么首先要恢复亲密的亲子关系，然后制定清晰的电子产品使用规则，确保孩子能够在家长的管控下，逐步恢复自控能力。可接受"他控"是最基本的目标，即孩子能够接受父母的管理，并逐步形成一定的自律意识。如果能让孩子恢复到"自控"，那自然是最理想的状态。

我曾经辅导过一个高二男生的家庭，孩子因为无法适应住读生活而提出走读的要求。父母因为担心他走读后对电子产品使用失控，拒绝了他的请求。双方发生数次激烈冲突后，孩子干脆不上学了。经过一对一陪跑指导，父母学会了如何与孩子沟通和设定界限，成功地与孩子达成了协议，他们同意孩子走读，而孩子也愿意遵守电子产品的使用规定。最终，这个孩子从第四阶段成功恢复到第二阶段，能够在父母的监督下合理使用电子产品，每天保持学习和休息的平衡。

电子产品使用的管控,并非简单的"禁用"或"放松",而是一个逐步收紧的过程。家长必须根据孩子的具体情况,设定合理的规则和界限。如果孩子能够遵守规则,并逐步培养出自我控制的能力,那复学时他们就能够更好地应对学校压力,而不会通过电子产品来逃避或解压。

如果电子产品使用问题在复学前没有得到有效解决,那么孩子在面对学校生活中的种种压力时,可能会更依赖电子产品来寻求解脱。这不仅会给孩子的学习和生活带来困扰,还会加剧家长与孩子之间的矛盾冲突。因此,家长必须在复学前确保孩子能够自觉控制电子产品的使用,而不是将其视为逃避压力的工具。

6. 孩子每天能够专注地自学至少 1 小时

在初中和高中阶段,学校的学习节奏是非常紧凑的。孩子大部分时间都在课堂上度过,尤其是高中阶段,几乎从早到晚都在学习和应对各种课程。如果孩子在复学之前,已经很久没有进行系统的学习,甚至不能坐下来专注学习 1 小时,那么复学之后,他将难以适应学校的高强度学习状态,可能会感到非常疲惫和不适应,甚至产生强烈的抵触情绪。

那么,家长应该如何帮助孩子做到这一点呢?这个过程需要逐步训练。假如孩子正处于"躺平"状态,作息黑白颠倒,完全没有学习的动力,那么当孩子萌生复学的意向时,便是一个绝佳契机。家长可以开始和孩子谈论接下来的学习计划,并通过逐步增长学习时间来帮助孩子重新培养专注力。

家长可以从每天短时间的学习开始,比如 15 分钟或 20 分钟,让孩子在这个时间段内专注完成一项学习任务。每次完成后,要给予孩子正面的肯定和鼓励,让他感受到成功的喜悦,逐渐增强自信心。这一阶段的重点不是追求学习量,而是训练孩子坐下来专心学习的能力。随着时间的推移,可以适当增加学习时间,比如,每周学习时长延长 10~15 分钟,逐步增加到 1 小时,这样孩子在复学时就更容易适应学校的学习节奏。

有一名初二女生,在确定了复学时间后,妈妈带着她制订了非常详细的学习计划。从第一周每天学习 30 分钟开始,以每周为一个阶段,每个阶段的学习时长增加半小时,同时减少电子产品的使用时间。因此,第二周时,女孩每天学习 60 分钟。到了第三周,她就能每天学习 90 分钟了。通过这样的系统化调整,孩子逐渐适应了长时间的专注学习,并且逐渐减少了对电子产品的依赖。这种方法有效地帮助孩子恢复了学习动力,并在复学后迅速适应了学校的学习节奏。

通过这种循序渐进的方式,孩子在家里能够做到每天都专注学习,那么复学之后他就能很快适应学校的学习节奏,成功融入日常的学习生活。所以,帮助孩子逐步培养学习专注力,不仅是复学前的重要准备工作,更是孩子养成良好学习习惯的根基。

7. 家长与班主任的沟通与合作至关重要

这个条件非常关键,家长千万不要忽视它,尤其不要认为复学只是孩子自己的事情。实际上,孩子复学的过程需要外部环境的支持,而班主任所扮演的角色尤为重要。

在第十四章中,我讲过一个复学失败的案例。那个孩子决定复学,但家长没有提前做任何准备,就直接去学校办理复学手续。手续办完后,学校告知孩子被分到了某个班,孩子也没多想,进了学校便直接找到了这个班。然而，班主任对这个突如其来的"新生"毫无了解，教务处和班主任之间未提前做任何沟通。班主任见到孩子时，问道："你是谁？"孩子答："我是来复学的。"班主任接着问："谁让你来的？"孩子懵了。

这时候，老师没有给予任何积极引导，反而质疑孩子："你为什么留级？"这些话对于孩子来说无疑是极具伤害性的，结果孩子当天中午就回家了，此后更是再也不愿意上学。家长事后非常后悔："我没想到会是这样的结果，一点准备都没有。"

这个案例中，家长没有与班主任进行任何沟通和交接，也没有为孩子提供积极的支持，结果导致孩子错过了重新融入校园的机会。相比之下，孩子复学成功的家长都有一个共同特点：他们和班主任建立了良好的沟通关系。

曾经一位家长总结道，孩子复学成功，至少有三分之一的原因归功于班主任的支持。她的女儿在休学了9个月后成功复学。这位家长在与班主任的沟通上下足了功夫。班主任不仅时常鼓励孩子，还联系其他任课老师，每天夸奖孩子的进步和优点。这些正向的反馈让孩子重拾自信。而且，班主任对孩子提出的任何请求，都表现出朋友般的关心和支持，及时给予关怀与帮助。这样，复学过程才得以顺利进行，孩子也逐渐找回了信心。

需要明确的是，复学过程不仅仅是孩子个人的挑战，更是家长、学校与孩子共同努力的结果。班主任的支持能够为孩子提供关键的心理保障，帮助孩子顺利适应复学生活。如果班主任没有给予足够的支持，甚至表现出否定和冷漠，孩子的心理防线很容易崩溃，很可能再度选择逃避。这也是为什么家长必须主动与班主任建立联系，争取更多的帮助和支持。

如果孩子与班主任之间的关系已经非常紧张，这时候强行复学可能会导致更严重的负面影响。在这种情况下，家长应和孩子沟通，评估是否需要换班或换学校。有些创伤和负面情绪是难以修复的，如果班主任的行为和态度无法改变，换个班级或学校，可能是更有效的解决办法。

总之，孩子复学的过程充满挑战，但只要家长能够从各个方面做好准备，成功复学并重新适应校园生活并非不可能。在这一过程中，家长的耐心和智慧至关重要。无论你的孩子是否已经提出复学，你都可以对照以上七个条件，润物细无声地提前做好准备。

识别孩子想改变的信号

"妈，明天早上我会上学的，你一定要叫我起床。"可是到了第二天早上，孩子死活不起来。

晚饭过后，孩子就坐在书桌前，抠抠手，玩会儿笔，就是无法提笔开始写作业。家长只要一提醒他，他就烦："我知道！你不要管我！"熬到12点钟，实在熬不下去了，干脆不写了。

"爸，你给我办转学吧。9月1日我去上学。"可是上学没两天，孩子再一次退回家中，又不愿意去了。

"再给我十分钟！我保证再玩十分钟，一定交手机。"可是十分钟过去了，孩子毫无要放下手机的迹象。

以上场景，是否在你的家中反复上演？很多"躺平摆烂"的孩子内心，始终有两股力量在拉扯：一方面他们感到无力，对自己没有信心，认为未来一片灰暗，什么也不想干；另一方面，他们又不甘心一直如此消沉下去，想改变现状，渴望像同龄人一样正常生活，想要获得家长、老师和同学的认可。这两股力量在他们内心不断对抗，致使孩子无比纠结，这就是我们常说的"内耗"——既想"躺平"，又"躺不平"；既想改变，又无法做出任何实际行动。每个厌学、沉迷电子产品、"躺平摆烂"的孩子，都会经历这样一个阶段。

很多家长不理解"内耗"孩子的矛盾心理，单纯地把孩子的行为归结为"说话不算数""不值得信任"，进而常常感到失望、愤怒或无奈。他们可能会直接批评或者强行要求孩子立刻改正，这些做法往往不能有效激发孩子改变的动机。相反，还可能会加剧孩子的防御心理，导致孩子进一步封闭自己的内心。"不理解"就会导致"无法共情"，家长就很难走进孩子内心，给予他们支持与鼓励。

因此，家长需要在接纳孩子情感的同时，寻找孩子潜在的改变信号。从孩子的言语、行为，甚至是表情等传递出的各种信息中，去觉察孩子内心的变化，去识别当下孩子心中哪一股力量相对更强一些，以便抓住适当的时机来助力孩子实现突破。

（一）改变语句与持续语句

在《动机式访谈法：改变从激发内心开始》（*Motivational Interviewing: Helping People Change*）一书中，作者提出了"改变语句"（Change Talk）和"持续语句"（Sustain Talk）两个关键概念，用来描述个体在改变过程中表达的不同情感和态度。理解和识别这两种语句，对于家长和教育工作者识别孩子内心潜在的改变动机具有重要意义。

改变语句是指个体在言语中流露出希望或打算改变的愿望、目标、动机或信念。这种语句通常表现为对现状的不满、对未来的期望、对改变的渴望等,也可能表现为对解决问题的思考或对行动的暗示。

<u>持续语句则是个体表达自己想要保持现状、对改变的抵抗、对现有生活方式的坚持</u>等。当个体面对改变时,持续语句往往呈现出抵抗、恐惧、无力感或自我辩解等情绪。这种语句通常表现为对现状的逃避、对困难的夸大或对改变结果的不信任。

对于"躺平摆烂"的孩子而言,他们的言语往往充满了矛盾,既渴望改变,又被内心的恐惧、无力感或自我设限所困。通过精准识别这些语句,家长可以更好地理解孩子的内心动态,从而为孩子提供适当的支持和引导。

(二)识别孩子的改变语句

改变语句是孩子内心愿意改变的一种信号,它可能非常微弱和隐秘,但也往往是改变的开端。以下是一些常见的改变语句,家长可以根据这些言语来识别孩子的内心变化。

1. 表达对现状的不满与困惑

"躺平摆烂"的孩子有时会表露出对现状的不满,尤其是在面对学业、家庭和未来时。他们的内心充满困惑和迷茫,孩子可能并不清楚如何改变现状,但内心深处却渴望找到方向。例如:

○ "我现在觉得很无聊,什么都不想做。"
○ "我最近一直在想,自己到底为什么没法努力呢?"
○ "我感觉每天都在做重复的事情,根本没有什么意义。"
○ "我觉得自己的生活就像一潭死水,没有任何波动,特别压抑。"

这些语句表明孩子对现状感到无聊和缺乏目标,并且不知道具体的改变路径，家长可以通过深入对话进一步挖掘孩子内心的期望。家长还可以帮助孩子识别自己不满的具体方面，进而引导他们思考可以尝试改变的领域。

2. 表达对未来的期望

在某些时刻，孩子可能会表达对未来的期望，哪怕这种期望带有犹豫和不确定感。这是改变动机产生的前兆，表明孩子虽然迷茫，但对未来仍怀有某种期待。例如：

- "如果我能努力一点，可能未来会大不一样。"
- "我有时想，如果我不再拖延，成绩或许会好很多。"
- "如果我知道该怎么做，我或许会去做点不一样的事情。"
- "我其实也想有个目标，但就是不知道该定什么目标。"

这些语句虽然含糊，但透露出一种希望改变的动机。家长可以通过提问和引导，帮助孩子明确自己对未来的期望，并帮助他们制订具体可行的小目标。

3. 表达寻求外部帮助的意图

当孩子在某个时刻想要做出改变，但又觉得自身缺乏行动的能力时，他们可能会寻求外部帮助。这个阶段的孩子已经意识到自己的困境，并希望得到支持或指导。例如：

- "我觉得自己做不到，能不能请你帮我想个办法？"
- "我知道自己需要改变，但不知道从哪里开始。"
- "我很想改变现在的状态，可是我总是无法坚持。"
- "我觉得我一个人很难做到，可能需要你帮我规划一下。"

这些表达是孩子希望从外界获得支持的信号。家长应该及时给予孩子充分鼓励，主动探寻并提供可能的支持路径，帮助他们找到能够引导他们改变的资源或方法。

4. 承认过去的失败并希望改变

一些孩子在经历过多次失败之后，可能会开始自我反思，意识到自己需要改变某些不良习惯或行为。这种自我审视通常表明孩子有了改变的意识，尽管他们可能对成功感到不确定。例如：

○"我以前试过很多次，但总是做不好，可能是我不够有毅力。"
○"我知道我一直拖延，可能需要改变做事的方式。"
○"我一直觉得自己很懒，这样下去也没法改变什么。"
○"我知道我在学习上浪费了很多时间，但我现在真想开始改变。"

这些语句表明孩子在面对失败时，已经开始反思自己的行为，并试图从失败中汲取教训。这时，家长可以帮助孩子分析过去失败的原因，鼓励他们从小的改变开始，逐步恢复信心。

（三）识别孩子的持续语句

与改变语句相对的，持续语句表现为孩子对现状的坚守，或是对改变的抵抗。这类语句通常表达了孩子对改变的恐惧、无力感或对失败的预期，可能有以下三种形式。

1. 强调现状的安逸和安全感

孩子可能在面对改变时感到压力，因而倾向于强调现状的舒适。例如：

○"现在这样挺好，我也不想去改变什么。"
○"反正也没差，做不做都一样。"

这些语句表明孩子对改变持有抗拒态度，倾向于保持现状，甚至在内心深处认为改变会带来更大的压力。此时，家长应避免过于强势的干预，要通过共情来缓解孩子的焦虑，逐渐帮助他们意识到改变的必要性。

2. 表达对未来的悲观和无望

当孩子觉得未来毫无希望时，往往会表现出悲观的情绪，并对改变产生强烈的抵抗。例如：

○"我觉得改变不了，努力了也没有用。"
○"我做什么都不行，改变也没有意义。"

这些语句表明孩子内心感到无力和绝望，对未来产生了悲观情绪。家长此时要避免任何形式的批评，而应以支持和理解的语气鼓励孩子，帮助他们换个角度看待自己的能力和未来的潜力。

3. 强化无力感与自我设限

孩子在表达持续语句时，可能会表现得对改变缺乏信心，甚至认为自己注定无法成功。例如：

○"我现在什么都做不成，怎么可能改变？"
○"我没有那种能力，改变对我来说太难了。"

这种语言反映了孩子的自我设限和对失败的恐惧。家长可以在此时提供鼓励和正向反馈，帮助孩子认识到自己的潜力，并通过一个个小成功来逐步增强他们的自信心。

（四）如何应对孩子的改变信号

当识别出孩子的改变信号后，家长的态度和引导非常关键，既不能过于急躁地去推动，也不能无动于衷地冷处理。下面是一些实用建议以及具体例子。

1. 进行支持性对话

当孩子表达出改变的意愿时，家长的首要任务是通过支持性对话激发孩子的动机。进行支持性对话意味着家长要以非评判、理解和包容的态度倾听孩子的心声，帮助他们找到自我改变的动力，而不是直接给出指令或评判。以下是一些具体的支持性对话的例子。

（1）开放式问题

开放式问题能够促使孩子进一步思考并表达他们的感受和想法，帮助家长更深入地了解孩子的内心世界，从而为后续的支持提供线索。

- "你说感到很迷茫，能告诉我你希望改变的是什么吗？"
- "你觉得如果改变了，现在的情况会变得怎么样？"
- "我听到你说现在觉得不开心，能不能想一想，是什么让你感到不安？"
- "你有想过自己期望的未来生活是什么样子吗？"

这些开放式问题能促使孩子表达更多关于自身困境、希望和目标的想法，引导他们自发找到改变的动力和理由。

（2）积极倾听

积极倾听是支持性对话的核心。通过积极倾听，家长不仅能了解孩子的想法，还能让孩子感受到被尊重和理解。积极倾听表现为对孩子话语的及时反应和进一步探讨。

○ "我听到你说有时感到孤单，感觉没有人理解你。那是不是你希望和别人有更多联系？"

○ "你说过你在学习上有些困惑，我能理解你想要找到方向的心情。"

○ "你觉得自己最近一直被困在一个死循环中，是不是对这种周而复始的状态感到疲倦？"

○ "你说自己想尝试一些新的方法，我们一起探讨看看？"

通过这种方式，家长可以向孩子传递出对其情感的理解，并引导孩子思考可能的改变路径。孩子在这种对话中会感受到支持与认同，有助于减轻他们的焦虑与抗拒情绪。

（3）共情回应

共情回应是指家长在孩子表达情感时，用理解和支持的方式回应孩子。这样不仅能让孩子感受到被理解，也能增强孩子对家长的信任感，进一步推动改变的进程。

○ "我知道这对你来说很困难，尤其是每次尝试改变都很艰难。但我相信你能找到一个合适的方法。"

○ "你一定感到非常沮丧，因为每次试图改变都没能持续下去。我能理解你的挫败感。"

○ "你说你觉得没有人理解你，我明白这让你感到孤立无援。我会一直在你身边支持你。"

○"你现在可能感到非常无力，我知道你并不想这样，但找到改变的路并不容易。"

通过共情回应，家长可以让孩子知道他们的情感和困境是被认可的，这样孩子会更愿意与家长沟通并一起思考解决方案。

2. 强调孩子的自主权

在支持性对话中，家长要强调孩子的自主权，尤其是在鼓励改变的过程中，要让孩子感受到自己对未来拥有掌控力。家长鼓励孩子自己做决定而非直接给出建议，有助于增强孩子的自信和责任感。

○"你可以自主决定想要尝试何种改变，我会一直在旁边支持你。"
○"你觉得你能做出什么样的小改变，来慢慢改善自己的情况呢？"
○"如果你决定现在就做出一点改变，我会在背后支持你，不管结果如何。"
○"我相信你有能力做出改变，所有的决定权都掌握在你手中。"

通过这样的方式，孩子可以感受到自己是改变的主导者，而不是在外界的压力下被迫改变。

3. 促进孩子的自我反思

在帮助孩子识别自己潜在的改变动机时，家长需要引导孩子进行自我反思。自我反思能够帮助孩子更清晰地认识到自己的需求、价值和行为模式，从而激发他们的内在动机，主动寻求改变。以下是一些促进孩子自我反思的有效方法。

（1）回顾过去的成功经验

帮助孩子回顾他们曾经的成功经验，无论这些成功多么微小，都能够激发孩子对自己的信心，并增强他们的改变动机。

○ "你记得当初你是如何克服考试紧张的吗？那时候你找到了自己的方法。"
○ "你以前也做过一些改变，比如你曾经戒掉了不健康的饮食习惯。这说明你有能力做出改变。"
○ "你曾经通过自己的努力完成了一个大项目，后来不也收获颇丰吗？"
○ "你最近在运动上取得了进展，给自己一些肯定，这也是你努力改变的有力证明。"

通过回顾过往的成功，孩子能意识到自己具备改变的能力，从而增强自信心，逐步打破对改变的恐惧。

（2）引导孩子明确自己的价值观和目标

帮助孩子明确自己的核心价值观和长期目标，可以促使他们认识到改变的必要性。通过对话让孩子思考自己的梦想和目标，并明确为什么改变现状对实现这些目标至关重要。

○ "你一直说自己想成为一名医生，你觉得现在的生活方式能够帮助你实现这个目标吗？"
○ "你自己希望成为什么样的人？目前的行为是否在朝着这个方向推进？"
○ "你说希望有更多的自由和独立性，改变现有的习惯对你而言是不是一种通向自由的方式？"
○ "你希望成为一个自信的人，那你觉得现在的状态能带给你信心吗？"

这些问题可以帮助孩子认清他们内心真正想要的东西，使他们看到改变现状与实现梦想之间的联系。

（3）让孩子思考不同选择的后果

家长通过帮助孩子思考当前行为可能带来的后果，并引导他们思考改变之后可能带来的好处，能够让孩子更加清晰地看到行动的意义，从而激发他们的动机。

○ "如果你继续拖延，结果会怎样？你觉得你会感到更轻松还是更焦虑？"

○ "如果你不改变现在的做法，未来你可能会失去很多机会。你觉得自己能接受这种结果吗？"

○ "如果你决定开始规律学习，未来的你可能会感到更自信和满足。你觉得这是你想要的吗？"

○ "如果你不调整现在的生活方式，你可能会继续感到疲惫和压抑。你希望自己的状态有变化吗？"

通过这些反思，孩子能够更清楚地意识到不改变的代价以及改变带来的潜在好处，这有助于推动他们做出正确决策。

4. 鼓励孩子设定小目标

设定小而可实现的目标，有助于孩子增强自信，并通过逐步积累成功经验激发更大的改变动力。

○ "你可以先从每天学习30分钟开始，看看效果如何。一步步来，不需要一下子改变太多。"

○ "你是否愿意设定一个简单的目标，比如每天晚上提前15分钟休息？这样逐渐改善你的作息时间。"

○"今天你可以尝试先从整理书桌开始,看看你是否能感到更有条理。"

○"如果你能坚持一周每天做30分钟的运动,你觉得自己会有何变化?"

这些小目标能够使孩子感受到改变是渐进的,并且能够通过一个个小成就逐渐树立信心,进而做出更大范围的改变。

5. 激发孩子的内在动机

当孩子表现出改变的意向时,家长需要做的是帮助他们激发内在动机,让孩子从内心深处找到改变的动力。以下是两种激发孩子内在动机的策略。

(1) 认可孩子的努力和动机

当孩子表现出任何积极的改变意图时,家长应该及时给予认可,以增强孩子的内在动机。表扬不应仅仅局限于最终结果,更要对孩子的努力和意图给予肯定。

○"我看到了你最近的努力,你开始花时间整理作业,这真的是个很大的进步。"

○"你最近开始思考未来的规划,这让我很高兴,证明你在为自己的未来负责。"

○"你已经开始尝试一些新的方法,虽然这些方法还不完美,但你有勇气去尝试。"

○"你愿意和我讨论你的困惑,说明你真的想改善现状,我很欣赏你的勇气。"

这种认可不仅让孩子感受到自我价值,也促使他们坚持下去,逐步形成更加积极的改变动机。

（2）激发孩子对自我价值的认同

通过帮助孩子认可自身价值和个人目标，家长可以激发孩子自我改变的动机，让他们认识到改变不仅仅是为了迎合他人的期望，更是为了实现自我价值。

○ "你以前说想成为一名优秀的医生，我相信你有能力走上这条道路。现在的努力，是你为自己未来打下的基础。"

○ "我知道你一直希望拥有更自由的生活，而这种自由源自你对自己时间和习惯的良好把控。"

○ "你是一个很有创造力的人，学习新东西对你来说不仅是必要的，也是实现自我成长的一部分。"

○ "我知道你希望过上自信而独立的生活，这需要你从现在开始对自己的行为和选择负责。"

这种价值认同的激励，能够帮助孩子增强改变的动机，让他们从内心接受并渴望这种改变。

通过这两种策略，家长可以有效地帮助孩子识别自身的改变意图，并顺利付诸实践。这不仅仅是促使孩子改变外在行为，更是帮助他们在内心深处培养出持久的动力和自信，最终实现个人成长，达成既定目标。

第十六章 复学守护：如何度过关键的第一学期

CHAPTER 16

孩子终于如约复学了，家长不必再每天看着孩子躺在房间里，沉迷于手机，也不用再担心孩子何时才能重新振作起来，回到学校，和同龄人一起做该做的事儿，更不用费尽心思去和孩子进行一次次对话，试图劝说他改变消极的态度。许多家长经历了长时间孩子"躺平"的困扰，终于等到孩子复学的那一天，内心如释重负，终于可以松一口气了。然而，家长要知道，复学只是孩子改变过程中的一步，接下来你们仍然会面临很多的挑战和关卡，而每一个关卡的顺利度过，都不意味着通关，要让孩子复学后保持稳定的学习状态，依然需要长期的坚持与努力。

在本章中，我将和各位家长一起探讨，孩子复学后，应该关注哪些关键事项，哪些行为是需要避免的，从而帮助孩子顺利度过复学阶段，确保复学这一目标能够得到真正的落实。

复学后的第一个学期：成绩并非首要

很多家长在孩子复学之后，急于让孩子赶上落下的功课，迫切希望孩子的成绩能够恢复到以前的水平。于是，在没有与孩子充分沟通、获得孩子同意的情况下，家长便开始为孩子安排补习，想着让孩子在复学后，把更多的精力投入学习中。有些家长甚至在孩子复学后的第一次考试前表现得特别焦虑，不断督促孩子学习，即便孩子已经表现出明显的不情愿，家长依然坚持让孩子参加考试，认为通过考试可以找到薄弱环节，从而进行针对性补习，尽早提升成绩。

　　家长的这些行为，往往成为孩子复学失败的导火索。在孩子复学前，家长往往表现得很宽容、接纳孩子，表示无论成绩如何，只要孩子愿意复学，回归正常的学生生活，就已经很满足了。然而，一旦孩子复学，家长对成绩的过度关注就暴露了内心的真实想法——成绩是非常重要的，孩子必须全力以赴，取得好成绩。这种做法常常会给孩子带来巨大的压力，甚至让孩子怀疑家长之前的接纳是否真心诚意。

　　实际上，孩子复学后的第一个学期，并不是复学成功的终点，它只是一个过渡期。在这个阶段，孩子面临的压力是前所未有的，甚至比休学前的压力还要大。孩子复学后，成绩可能会从以前的中下游变成年级倒数；曾经与老师的紧张关系，可能会变得更加复杂；还得面对同学们的议论，甚至可能遭受冷嘲热讽。然而，复学的压力和不适不仅来自外部环境，还包括身体上的调整。例如，经过长时间的休学后，孩子恢复到每天在学校连续上数节课的生活，可能会产生身体上的不适，进而引发更多的困扰。

　　因此，在孩子复学的第一个学期，家长需要时刻提醒自己，<u>成绩并不是最重要的，最重要的是孩子能逐步恢复正常的上学状态，逐渐恢复正常的作息时间</u>。这已经是一个巨大的进步。无论孩子的成绩如何，不论考试结果如何，家长都应在孩子面前温和地传递这样的信息："你已经非常了不起了！你决定复学，而且坚持每天去学校，已经展现出了极大的勇气和毅力。你在复学过程中展现出的意志力和自我超越的品质，远比成绩本身宝贵，这才是你一生的财富。"

　　家长要不断地通过各种方式向孩子表达鼓励与信任，让孩子明白成绩不能决定他的价值，也不能衡量他是否是一个好孩子。家长应当欣赏和肯定孩子的每一份努力。当孩子感受到父母的理解与支持时，他将变得越来越有动力，学习的积极性也会逐渐提升。他将不再需要家长的持续提醒与催促，而是会自觉地成为一个值得信任的人。

在复学过程中，家长对成绩的重视，实则是焦虑情绪的体现。 尤其是面对孩子复学初期的不适应，家长的焦虑情绪往往会加剧，甚至可能会不自觉地传递给孩子。家长的焦虑往往表现为过度关注孩子的学习成绩，担心孩子落后于同学，担心孩子不能尽快恢复到以前的学习状态。这种焦虑很容易导致家长过度干预，例如强迫孩子补习，不断催促孩子提高成绩。

然而，家长的焦虑往往会加重孩子的负担，甚至让孩子再次产生逃避学校的念头。孩子在复学初期，面临的最大挑战是如何适应学校环境，如何重建与同学、老师的关系，如何从心理和生理上调整到正常的学习状态。如果家长过于焦虑，过度关注孩子的成绩，就会忽视孩子的内心感受和需求，从而无形间加重孩子的心理压力。

因此，家长在孩子复学过程中，要学会调节自己的情绪，保持冷静，给予孩子更多的理解和支持。复学是孩子从休学状态恢复到正常学习状态的过程，孩子需要时间去适应，而家长的焦虑和不安只会增加孩子的压力。所以，家长要意识到，成绩提高不是唯一目标，孩子能平稳地度过复学初期，逐步恢复到正常的学习状态，才是最重要的。

复学后第一个学期的重点：实现三个"适应"

孩子复学后第一个学期的关键目标之一是适应复学后的新环境，这不仅仅是指重回教室，重启听课模式，更是要在心理和生理上适应学校生活。实际上，孩子复学后会面临三个重要的"适应"：适应校园环境、适应学习节奏和适应人际关系。这三个适应是孩子顺利过渡到正常学习生活的基础。

家长和老师的支持至关重要，只有通过良好的引导和细致的关心，孩子才能够在这三方面逐步建立信心，恢复健康的学习和生活节奏。接下来，我们将逐一分析如何实现这三个"适应"，并探讨家长和教育工作者在其中所扮演的角色和发挥的作用。

1. 适应校园环境：让孩子不再感到陌生或厌恶

孩子复学后的第一个挑战就是适应校园环境。对于休学了一段时间的孩子来说，学校不仅是一个学习的场所，更是一个充满负面回忆的环境。从教室布局、课桌椅安排，到上课时间、课程内容、课堂纪律，这些都有可能给孩子造成不好的体验和感受，都可能成为孩子内心的压力源。尤其是对于那些因休学而脱离了学校生活一段时间的孩子来说，复学后的校园生活可能会让他们感到不知所措，甚至产生焦虑情绪。在这一阶段，家长可以通过以下三种方式帮助孩子逐步适应。

（1）提前熟悉环境

复学前，家长可以提前带孩子去学校参观，缓解孩子的陌生感和不适感。这能让孩子感到校园不是那么"远离自己"，进而产生归属感。家长可以用一种轻松的语气说："我们今天去学校走一圈，好不好？看看你的校园有什么变化，学校外面有没有什么新东西。这样你复学时就不会觉得那么陌生了。"

（2）关注孩子的心理状态

孩子复学后出现情绪波动是正常的，但家长需要时刻观察并倾听孩子的内心感受。如果孩子表现出不安或者焦虑，家长需要给予理解和安慰，而不是简单地告诉孩子"不要怕"。例如，如果孩子说"我觉得我不适应这儿了"，家长可以回应："我明白你现在可能会觉得有些不习惯，这是正常的，重新适应是需要时间的。我们一起慢慢来,如果有什么需要妈妈为你做的,请告诉我。"

(3)与班主任提前沟通

复学初期,家长可以主动和班主任沟通,了解孩子在学校的表现和心理状态。家长可以和班主任说:"我知道孩子这段时间经历了一些调整,如果您发现孩子有任何情绪波动或行为上的变化,请及时告诉我,我们共同努力帮助他度过这个过渡期。"

另外,对于大部分孩子来说,家长需要特别拜托班主任在这个阶段多给予孩子一些关心和鼓励,切勿苛责,以免孩子因遭受批评而再次选择不上学。

很多复学初期的孩子,并不能完全遵从学校的作息时间安排,他们可能需要"迟到一会儿"或"早退"。这些都是这个阶段的正常现象。如果孩子出现这类情况,家长有必要主动替孩子向老师请假并解释原因。

2.适应学习节奏:帮助孩子恢复学习状态

除了适应校园环境,孩子复学后的第二个挑战就是适应学习节奏。复学前,孩子因为长时间的休学或者因焦虑、厌学等情绪问题,暂时脱离了正常的学习节奏;复学后,孩子需要重新进入到集中的学习状态中,追赶课业进度,适应学校的学习节奏和要求。这对许多孩子来说,既是一次心理上的挑战,也是一种生理上的适应过程,往往需要一段时间来重新恢复专注力和学习状态。另外,长时间的休学导致孩子和同龄人在学习进度上出现差距,孩子往往会因自己的学习成绩不如他人而产生焦虑或自卑情绪。因此,家长的耐心引导显得尤为重要。以下五点建议可以帮助孩子顺利适应学习节奏。

(1)学习任务逐步从易到难

家长不应期待孩子在复学初期马上适应高强度的学习,而是要循序渐进。可以先从每天的简单任务开始,逐步增加难度。例如,可以和孩子讨论:"本周我们先从做两页数学作业开始,如果执行起来没什么困难,下周再加一页。

咱们慢慢来，学习恢复到正常状态需要一个过程。你放心，我会替你向老师说明情况的，相信老师也会理解的。"

（2）合理制订学习目标

帮助孩子制订每天的小目标，避免一开始就给孩子过多压力。例如，家长可以说："哇，今天的家庭作业这么多！咱们刚刚复学，这么多作业我担心会让你吃不消。你觉得呢？"如果孩子也认为作业量太大，家长就爽快地提出："咱们先选一项你认为最有必要完成的作业吧！只要能认真完成，相对于你过去休学在家时的状态来说，已经是巨大进步了。之后的作业任务可以适量加一点，逐步恢复到你以前的节奏。"

家长这样做不仅能帮助孩子建立信心，还能避免他们因任务过于繁重而产生焦虑情绪，同时也能进一步巩固来之不易的亲子关系。

（3）帮助孩子提高学习效率

孩子复学时可能会对如何管理自己的学习时间、集中注意力感到迷茫，家长可以给予孩子适当的建议，例如，使用番茄钟、康奈尔笔记本等小工具。在提供建议时，家长千万不要把自己当作样样精通的专家，以免给孩子造成压迫感。家长也可以为自己设定目标，与孩子一起尝试执行。例如，家长可以采用同样的方法来规划下班后的时间，学一门新领域的知识或技能。

（4）注重情绪管理

学习过程中产生焦虑情绪很常见，尤其是压力较大的孩子，家长要注重共情和引导。例如，家长可以这样表达："你现在看起来有些着急，妈妈能理解。你一向对自己有要求，现在功课落下这么多，上课听不懂，在课堂上一定很难熬。妈妈想想都心疼。我们一起来梳理梳理，看看有什么是妈妈能为你做的。"

（5）帮助孩子建立规律作息

长时间的休学生活可能让孩子的作息变得不规律，复学后却需要按时起床、按时到校。为了避免孩子因作息问题而感到不适应,家长可以提前调整孩子的作息时间。在作息时间和手机使用时间方面,需要设立界限,但在界限之内要充分给予孩子自主权。家长可以这样跟孩子沟通:"我明白你在学校待了一天,非常辛苦,回到家想要用手机来放松放松,这完全没问题。不过睡觉时间咱们得确保充足,否则明天起不来。你觉得几点上床睡觉合适?"(此处的对话过程,亦是制定规则的过程,具体步骤和注意事项参考第十三章。)

3. 适应人际关系:帮助孩子重建社交网络

对于复学的孩子来说,重新融入集体是一个不小的挑战:一方面,孩子过去在人际关系上的问题可能未曾解决;另一方面,孩子可能因为长时间缺席,错过了许多集体活动,导致与同学之间的关系疏远。孩子可能对自己在人际关系中的位置感到迷茫,再次产生孤独或自卑的感受。因此,帮助孩子重建与同学和老师之间的关系至关重要。以下是在帮助孩子适应人际关系方面的五点建议。

(1)必要情况下,带孩子做心理咨询

在人际关系中存在困扰的孩子,往往有一个共同的心理特点,那就是对他人的评价高度敏感。无论是同学的一句玩笑话,还是老师的一句批评,他们可能都会在心里反复揣摩,久久不能释怀。这种过度敏感的心理特点,既与孩子内向或自我要求较高的个性有关,更与孩子所处的成长环境有关。如果孩子从小生活在一个缺乏安全感的环境中,他们可能会发展出过度察言观色的能力,不自觉地想要讨好别人,揣摩他人的心思和意图。进入青春期后,这种认知模式往往变得更加显著,孩子会极度关注同学和老师对自己的看法,甚至会为一些无意中的评价耿耿于怀,影响到日常的情绪和学习状态。

在这种情况下,家长常常会尝试劝说孩子"看开一点,不要太在意"。然而,对于这些高度敏感的孩子,简单的劝说往往收效甚微,因为他们实在无法"轻松"对待这些情绪。实际上,这时候更有效的方法是寻求专业的心理咨询。

作为心理咨询师,我在工作中经常遇到这样高度敏感的孩子,当家长带着孩子来到咨询室时,我会首先通过几次沟通与孩子建立起信任关系,深入了解孩子的成长经历、家庭背景,以及他的认知模式和核心信念。有了这些了解之后,我会运用认知行为疗法(CBT),帮助孩子识别并挑战他们对他人言语和行为的过度反应。**这种疗法的关键在于帮助孩子意识到他们对某些事件的自动化思维和情绪反应,并评估这些思维是否客观、合理。**具体而言,我们会一起探讨孩子的负面自动化思维,如:"某个同学开了个玩笑,我是不是认为他在贬低我?"我会引导孩子使用"证据测试"方法,审视这些想法是否有实际依据。例如,我可能会问:"这个玩笑话真的是针对你的吗?他会不会对其他人开类似的玩笑?"接着,我会鼓励孩子尝试不同的思维方式,探讨是否有其他更积极、更合理的解读方式,比如:"你有没有想过开玩笑可能是他惯用的一种交流方式,并不代表他不喜欢你?"

通过这种方式,孩子可以学会识别和挑战自己过于悲观或不准确的认知,从而减少情绪困扰,并培养更客观、灵活的思维模式,进而更好地应对人际关系中的压力和挑战。

(2)与老师沟通,获取支持

老师在孩子复学后的适应过程中也起着至关重要的作用。家长可以主动与老师沟通,了解孩子在学校的表现与适应情况,并请求老师在课堂和课外活动中提供更多支持。

家长可以这样与老师沟通:"您好,我是××的家长,最近孩子复学了,请问他在学校适应情况如何?如果他在某些方面遇到困难,能否请老师给予更多支持?"这样一对一的沟通不仅能够让老师更加关注孩子的情绪变化,还能帮助家长了解孩子的实际情况。

此外，家长也可以请求老师在课堂上为孩子创造更多的互动机会，帮助孩子逐渐适应学校的节奏。例如，老师可以通过让孩子承担一些小任务、组织一些小组活动等方式，增强孩子在班级中的参与感与归属感。

(3) **鼓励孩子主动参与集体活动**

孩子在复学初期，可能对自己的人际关系感到陌生，甚至不愿与他人接触。因此，家长可以通过一些细腻的方式，鼓励孩子逐渐参与到集体活动中，从而促进其与同学之间的互动与沟通。

家长可以在日常生活中，鼓励孩子主动与同学交流，积极参加课外活动、班级聚会等集体性活动，比如："你知道最近班里有个篮球比赛吗？你可以试着去参加，或许你会认识一些新朋友。"这种非正式的建议不仅能减轻孩子的压力，还能让孩子在轻松的环境下慢慢融入集体。

另外，家长也可以鼓励孩子在课堂上积极发言或与同学进行小组合作。通过逐步增加社交接触的机会，孩子可以逐步恢复信心，减少对人际关系的焦虑。

(4) **培养孩子的社交技能**

除了鼓励孩子参与集体活动，家长还可以帮助孩子提升一些基本的社交技能。比如，如何主动向同学打招呼，如何参与小组讨论，如何与他人建立友好的关系等。家长可以通过模拟练习来帮助孩子掌握这些技能。比如：

〇 家长可以和孩子一起练习如何与人打招呼，开场时可以说："嗨，今天怎么样？""你喜欢的那支篮球队赢了吗？"这样简单的开场白，可以帮助孩子轻松地与别人展开对话。

〇 家长可以告诉孩子，如果在班级活动中遇到自己不熟悉的同学，可以从他们的兴趣爱好入手，比如："你喜欢听音乐吗？我最近听到一首好歌，想和你分享。"这样的话题可以打破沉默，帮助孩子与同学找到共同话题，逐步融入社交圈。

通过这些具体的社交技巧，孩子可以逐步建立起自信，不再惧怕与人互动，也能更自然地融入集体。

（5）关注孩子的社交焦虑

最后，家长要明白，孩子重新融入集体需要时间，尤其是在经历过长时间的休学或社交疏离之后。家长不应急于要求孩子在短时间内建立起稳定的人际关系，而应该给孩子足够的时间去适应和调整。

家长可以这样与孩子交流："我知道你现在觉得有些孤单，但不要急，慢慢来。学校的环境和以前不一样，认识新朋友也需要一些时间。我相信你会找到属于自己的位置。"这种鼓励性的话语可以帮助孩子减轻焦虑，同时也让孩子感受到家长的理解和支持。

总之，帮助孩子适应复学后的人际关系是一个渐进的过程，家长需要细心观察、耐心支持，给予孩子足够的时间和空间去适应。在此过程中，家长的理解和关心是孩子顺利过渡的重要保障。而通过一些具体的社交技巧训练、积极的心理疏导以及与老师的沟通，孩子可以逐步恢复自信，建立起稳定的社会支持系统，顺利融入学校生活。

家长角色的转变

当清晨六点半的闹钟再次响起，许多家庭重新陷入作业本与早餐的"混战"中。虽然经历过厌学、休学的孩子重返校园，但很多家长心中的焦虑并未消散——他们像警惕的驯兽师，时刻准备用监控软件、错题本和课后辅导构筑新的牢笼。他们可能再次制订精确到分钟的时间表，设置标准化考核指标，通过奖惩机制维持系统运转。这种模式会直接影响孩子的自我管理能力的发展。这种循环往复的控制模式，恰恰是导致孩子心理能量枯竭的根源。

因此，<u>在孩子复学之后，家长必须实现角色转变，需要从"控制者"蜕变为"教练"</u>。教练型家长如同智慧的园丁，他们深谙每粒种子都有其独特的生长密码。他们不会把自己的想法和评判强加给孩子，而是通过"不断提问"引导孩子自己启动思考程序。

当孩子数学考试成绩不理想时，家长不再质问"为什么又不及格"，而是询问："你觉得哪里最有挑战？""需要哪些支持？""下次想达到什么目标？"

当孩子再次受挫，想休息几天时，家长不再立刻表态"不行，好不容易复学了，我们绝不允许你打退堂鼓"，而是询问："你现在的感受是什么？""让你感到最有压力的事情有哪些？""你做过哪些努力和尝试？""还有什么新方法可以试试？"

这样的对话，能够帮助孩子逐渐学会思考自己的每个决定，并对自己的行为负责。

<u>"教练"的终极目标是培养出"自驱动型学习者"</u>。就像篮球教练不会代替球员上场，睿智的父母懂得在关键时刻后退一步，允许孩子自己做选择，允许孩子经历失败。

在咨询室中，为了帮助家长体验"教练"与"控制者"的区别，我会带家长和孩子做以下尝试：

<u>20分钟"免批判对话时间"</u>：在此期间，家长只能使用"然后呢？""你的感受是？"等引导性语言。在采用该方法的家庭中，孩子情绪表达的意愿提升了3倍。

"角色互换剧场"：家长扮演孩子，孩子扮演家长，并模仿家长的说话方式。在这种沉浸式体验中，家长多半能体会到被控制的窒息感，从而发现自己需要改变的地方。

教练式用语：教家长用"我观察到……""我担心……""我们可以……"的教练式沟通方式，取代以往不当的交流模式。

教育不是塑造完美产品的工艺流程，而是唤醒独特生命的艺术。当家长放下改造者的执念，转而成为智慧的引导者时，那些曾被厌学阴云笼罩的孩子，终将在自主探索中找回内在光芒。这种转变带来的，不仅是孩子学业上的进步，更是整个家庭生态系统向生机勃勃方向的演进。正如德国教育学家弗里德里希·福禄贝尔所言：**"教育之道无他，唯爱与榜样而已。"** 在生命成长这场漫长的马拉松中，最优秀的教练永远懂得，真正的胜利是帮助选手找到属于自己的奔跑节奏。